국내 유일 돈 되는 사업기획 입문서

대기업 기획자의 고백

김세호 지음

OhK

대기업 기획자의 고백

2021년 12월 10일 초판 1쇄 발행
지은이 김세호
책임편집 오혜교
디자인 이민규
펴낸곳 OHK / **출판신고** 2018년 11월 27일 제 2021-000130호
주소 경기도 파주시 회동길 219 2층
전화 1877-5574 / **이메일** soaprecord@gmail.com
ISBN 979-11-973480-8-2

현직 기획팀장의 인사이트

대기업 기획자의 고백

김세호 지음

OhK

추천사

그의 번뜩이는 아이디어와 기획력은, 매주 획기적인 아이디어를 떠올리고 기획해야하는 직업을 갖고 있는 나조차도 생각치 못할 정도로 혁신적이고 설득적이다. 킹메이커! 기업의 제갈공명 이라고 감히 표현할 수 있겠다. 그런 그가 대기업 꼴찌 사원에서 에이스가 되기까지의 실질적인 노하우가 담겨져 있는 기획의 비밀을 이 책에 모두 담았다.

- 개그우먼 박은영 -

스마트시티 연구를 한창 진행하던 중 새로운 기획 내용을 제안하는 그를 처음 만났다. 스마트시티에서 벌어지는 다양한 도시현상에 대해 새로운 시각으로 기획하여 제안하는 그에게 대기업의 책임이라는 직책보다 기술을 디자인하는 기획자의 모습을 보았다.

- 자율주행기술개발혁신사업단 정광복 사무국장 -

스티브잡스의 '갈망하라 우직하게' 마지막 축사처럼, 알고픈, 웃고픈 그리고 믿고픈 때로는 무엇이든 하고픈 기업인이다. 원칙과 이론 그리고 실제와 현장 속에서 다양한 가치를 창출해내고 주변의 기술과 사람이 겪는 내면을 하나하나 엮어내는 인공지능 과학자이자, 수많은 아이디어를 생각해내고 정작 자신이 빛을 발하지도 기억도 못하는 바보같은 철학자가 그가 아닐까 생각해본다.

- 연구개발특구진흥재단 지역혁신지원팀장 최광욱 -

십여년 전부터 의료기기 개발을 위한 학제간 융합에 관심을 가지게 되면서 핵심기술을 가진 공학관련 공동 연구자들과 도움을 주고 받아 왔습니다. 서로 간의 열린 마을과 신뢰가 얼마나 중요한지를 깨닫는 기간이었던 것 같습니다.
학제간 융합에 대한 경험치가 쌓이면서 최근 본격 흐름을 타기 시작한 스마트헬스 케어 분야에서 서로 간의 협업 및 소통의 차이가 프로젝트 진행의 속도의 차이를 결정하게 될 것이라는 조심스러 예측도 해보게 됩니다. 제가 속한 병원이 스마트헬스 관련 국가 선도사업에 참여하게 되는데 있어 저자의 코칭과 기획력이 큰 도움이 되었고, 사업을 진행하면서 더 많은 영역에서의 디지털 세계관을 넓히는데 큰 도움이 되었습니다. 또한 저자는 이러한 디지털 세계관이 의료의 영역에 국한되지 않고 생활, 가전, 환경, 여가의 영역에 확장될 수 있도록 가교역할을 스마트하게 진행시켜 주셔서 의료데이터가 다른 생활환경데이터가 결합 할 수 있게 그림을 그리게 해주고 있습니다.

- 고신대학병원 대외협력실장/호흡기내과 교수 옥철호 -

'기획의 비밀', 이는 듣기만해도 기획자와 연구개발자의 가슴을 설레게 하는 말이다.

기획(planning)의 사전적인 의미는 어떤 대상에 대해 그 대상의 변화를 가져올 목적을 확인하고, 그 목적을 성취하는데에 가장 적합한 행동을 설계하는 것을 의미한다(네이버 지식백과). 기획자란 이와 같은 성과를 만들어낼 기획을 하는 사람이다.

정부 출연연구원 연구개발자의 한 사람으로서 35년 이상 연구개발에 전념해오고 있다. 연구개발을 같이 해왔거나 해오고 있는 수 많은 후배 연구원들과 연구원을 지망하고 꿈을 키워오고 있는 석, 박사 재학생들에게 반드시 전수해주고 싶은 핵심 키워드 중 하나가 '기획'이다.

1986년 초짜 연구원이었을 때, 우리 나라 최초의 젖전자교환기(전화를 걸면 교환원 대신 자동으로 수신자를 연결해주는 전자식 기계)인 TDX-10 전전자 교환기에 탑재할 메모리 상주형 실시간 데이터베이스 관리시스템(main memory-based real time DBMS(data base management system))을 주어진 시간 내에 설계하고 개발하라는 미션을 받고 어찌할 바를 모를 현실 앞에서 암담했던 기억이 난다.

대학 강의 수강시에는 일반적인 상용 DBMS이론만을 가볍게 배웠었고 사용법을 익힌게 전부였다. 자문을 구할 선배도, 참고할 만한 책도 없었다. 경쟁사 DBMS 제품에 관한 알쏭달쏭한 논문만이 전부였다. 지금 생각하면 맨땅에 헤딩하면서 주어진 실시간 DBMS 설계와 개발을 성공적으로 마쳤던 것 같다.

당시에 '기획의 비밀'이란 책이 있었더라면 하는 아쉬움이 있다. 최근 들어 기획의 중요성이 크게 부각되면서 '기획자가 일 잘하는 법'이란 책들도 줄줄이 출간되고 있는걸 보면 기획이 목표달성과 성과에 얼마나 큰 영향을 미치고 중요한역할을 하는지 짐작할 수 있다.

이제라도 '기획의 비밀'이 기획자와 연구개발자 세상에 그 실체를 드러내준 것 만으로도 참 다행스러운 일이다. 이 책은 기획자, 연구책임자는 물론이거니와 연구개발자 모두가 알면 소중한 실력이 되는 내용을 담고 있는 필독서라고 생각되며 반드시 읽어 보기를 강추한다.

- 한국전자통신연구원 호남권연구센터장 이길행 -

스타트업과 함께 경력의 대부분을 보내며, 대기업 사람들은 늘 시스템 속에서 갇혀서 고리타분하게 복사만 하고 있을 것이라 생각했다. 나의 이런 오랜 편견은 막상 대기업에서 일하게 되어서도 한참이 지나도록 변하지 않는데, 어느 날 젊은 친구가 찾아와서 그와 몇 마디 나눈 순간 소위 말하는 '대기업' 사람들에 대한 생각이 변하게 되었다. 두 눈을 빤짝이며 먼 미래를 말하는 그 기획자의 말들은 내 귀중한 시간들을 '투자'할 만한 가치가 있었다.

빠르게 변해가는 오픈이노베이션의 시대에 대기업뿐만 아니라 모든 조직은 생존을 위해 유연하게 새로운 것들을 찾아나서야 한다. 굴뚝 산업의 시대는 지나가고 플랫폼 기업들에게 기회와 자금이 몰리고 있는데, 이럴 때일수록 내부자원만을 이용한 폐쇄형 혁신보다 외부자원과 내부 역량을 잘 결합하는 개방형혁신이 중요해지고 있다. 여기서 신사업 기획부서가 그 중재자 역할을 해내야하며 기업 내부자원과 외부 혁신기술에 대한 이해도가 높고 경영진과 함께 큰 그림을 만들어 갈 수 있는 미래형 인재가 많이 필요한 시점이다. 막연하게 본인의 미래에 '기획', '창조', '투자'라는 단어를 쓰고 싶은 후배들에게 이 책은 정말 현장의 목소리를 담은 실전 매뉴얼이 될 것이다.

- 플랜에이치벤처스 원한경 대표 -

내가 오픈이노베이션 업무를 할 때 한창 이스라엘 자율주행, 모빌리티, 데이터 사업이 각광을 받을 때 일화를 말하고자 한다. 그때 당시 자동차로부터 나오는 데이터를 수집하여 보험사 등에 판매하는 비즈니스 모델로 주목을 받던 한 이스라엘 업체와 첫 미팅 때였는데, 그때 당시 이 업체의 인기가 하늘을 찌를 때 였다.

업체의 첫 질문이, 우리가 당신들과 협업함으로서 얻을 수 있는게 뭐죠? 라는 이스라엘 특유의 직설적이며 당돌한 질문을 던졌는데, 보통 이때는 거의 대부분의 한국인들은 당황하며, 말려들어간다. 본인도 사실 고작 가전제품에서 나오는 데이터를 어떻게 포장해서 매력을 어필하지, 하고 궁금했다.

그러나 저자는 달랐다. 이미 업체 공개자료를 통해 정보를 파악한 그는, 업체의 장점, 그리고 우리 회사의 장점을 미리 파악하여 데이터 마켓플레이스라는 컨셉의 거대 융합 프로젝트를 준비했던 것이다.

그것도 미국 공룡 G사와 A사까지 포함한 그 이후부터는 우리를 대하는 업체의 태도가 180도 바뀌었고, 본인도 역시 저자의 차분한 대응과 치밀한 기획력에 그를 착하고 성실한 이미지의 기획자에서 착하고 성실하고 인텔리전트한 기획자로 다시 보게 되었고, 이후에도 여러 프로젝트를 이스라엘에서 지원하며 그에게 많은 것을 배웠기에, 이 책을 읽은 많은 분들에게 큰 도움이 될 것이라 믿어 의심치 않는다.

- 삼성벤처스 Patrik Kim -

기획자는 가연성 있는 허구를 창작하는 소설가가 아니라 실제 현실에서 일어나는 일을 만들어 가야 한다고 생각한다. 기획은 단순히 시나리오 기반에서 이런 일을 벌어질 것이고 난 그 상황에 대해 내용을 만들었고 그것이 기획자의 모든 것이라 생각한다면 커다란 잘못이다. 기획은 반드시 실행 되어야 한다는 전제로 만들어 져야 한다. 그러기 위해서는 많은 정보를 미리 준비해야 한다. 제품에 대한 기획이라면 모든 부품의 발전과 활용에 대해 고민하고 서비스에 대한 기획이라면 사용자 행동에 대한 이해를 기반해야 한다고 행각한다.

 저자는 대기업에서 많은 기획을 하면 실행되고 이것이 고객들에게 가치를 창출하는 방법에 관해 잘 기술하고 있다. 성공하는 기획자, 즉 고객에게 가치를 전달하기 하기위한 지난한 과정들을 설득으로 넘어가면서 최종 실행 할 수 있는 기획자가 될 수 있는 가이드가 될 것 이다.

- 인공지능산업융합사업단 본부장 곽재도 -

저자와 나는 비슷한 코드가 있다. 기획의 맵을 전략적으로 사용하고 예측 불가능한 미래를 실현 가능한 미래로 준비하는 마음가짐이다. 어쩌면 스타크래프트의 검은색 맵을 탐험을 통해 넓히면서 전략적 공략법을 찾는 느낌이랄까? 이 책을 읽고 나면 당신은 회사가 애타게 찾는 게 임체인져의 자질을 갖출 것이라 본다. 저자는 이 책을 통해 성공의 치트키를 공개했다.

- 파라다이스시티 김형석 차장 -

필자는 그동안 자기 전문분야를 개척한 노하우를 서슴없이 공유하고 있다. 정답이 없는 '기획'이라는 영역을 어떻게 개척해야 할지, 어떻게 접근해야 할지 깊은 고민과 철학이 담겨 있다. 새로운 일을 시작하고 싶은 이들, 그리고 그 길이 막막한 이들에게 선배의 조언보다 값진 선물이 있을까, 이 책은 새로운 일을 시작하는 모든 이에게 값진 선물이 될 것이다.

- 광주과학기술원 인공지능센터 공득조 실장 -

스마트시티 국가 시범도시 사업을 추진하는 과정에서 저자가 제시하는 다양한 아이디어와 이를 실제 현실로 만드는 실행력에 깜짝 놀랐다. 긍정적 에너지와 혁신, 그리고 실행력으로 무장한 저자의 신사업 개발 경험을 함축한 이 책은 기획력 향상을 위해 수많은 책을 찾아 방황하는 분들에게 마침표가 될 것이다.

- 전 부산에코델타 스마트시티 총괄차장 장성필 -

기획은 사업의 시작이고 사업의 프로그래밍이라 할 수 있습니다. 제대로 된 기획자는 제품의 정확한 지식과 영업의 노하우, 회사의 상태, 그리고 소비자의 심리와 시대의 흐름까지 꿰뚫고 있어야 합니다. 저자는 대기업의 오랜 제품개발 경험을 통해 영업의 노하우는 물론 시대의 흐름까지 제대로 읽을 줄 아는 멋진 기획자라 할 수 있습니다. 앞으로 많은 이들이 이 책을 통해 성공하는 기획자로 거듭나길 기원합니다.

- 빛울림 한의원 원장 임병욱 -

2021년은 개발자가 세상의 집중적인 관심을 받기 시작한 원년이라고 보아도 될 것 같은 한해였다. 치솟는 몸값, 부족한 인재들... 이제 우리의 관심사 중 하나는 포스트 개발자 자리는 어디가 될까일텐데. 그 해답 중 하나가 기획자가 아닐까 한다. 이 책을 통해 기획자란 무엇인지, 어떤 준비를 해야 하는지, 기획자로 살아가는게 도전할 만한 가치가 있는 일인지 등 많은 궁금증에 대한 해답을 찾을 수 있을 듯하다.

- IT동아 대표 강덕원 -

기획이란 회사에서 기획을 담당하는 자만의 전유물이 아니다. 작게는 사랑하는 연인이나 가족과의 여행 일정을 짜는 소소한 일상에서부터 크게는 국가의 대계를 만드는 데에 이르기까지 모든 것은 기획의 연속이다. 모사와 기획은 다르다. 모사가 남을 밟고서라도 자신의 이익을 취하는 것이라면 기획은 내부의 참여자뿐만 아니라 외부의 관계된 사람들 모두에게 이익이 돌아가게 하는 Win-Win의 전략이다. 전대미문의 코로나 사태로 비대면 업무가 일상을 지배해가고 있으나, 사람과 사람 사이의 관계는 인간이 존재하는 한 끊을 수 없을 것이다. 저자는 책상머리 앞에서 불현듯 떠오른 설익은 아이디어를 독선이나 아집으로 밀어붙이는 기획이 아니라 현장을 중시하며 소통과 설득을 통해 모두에게 이익이 되는 기획의 중요성을 풍부한 경험을 통하여 보여준다. 독자들은 저자와 함께 기획의 준비부터 실행에 이르는 길을 함께 걸으며 통찰을 얻을 것이다. 그 속에서 흔히 알려지지 않은 대기업에서의 삶에 관한 은밀한 내면을 엿볼 수 있는 것은 덤이다.

- 법무법인 여백 김남성 변호사 -

들어가며

이 책을 처음에 쓸지 말지 무척 고민했다. 실무자가 이런 류의 책을 낸 적은 없기 때문이다. 굳이 이렇게 책을 낼 필요도 없었다. 하지만 현재 기획을 담은 책들이 얼마나 많은 오류를 품고 있는지, 현실과 얼마나 동떨어져 있는지를 알고 '이건 아니다' 싶었다. 기획은 사업의 시작과 끝이다. 세상의 모든 사업을 다루는 일의 핵심이 기획인데, 사실이 왜곡되면 기획을 배우는 후배들이 혼란을 겪을 게 뻔했다. 그래서 용기를 냈다.

이 책은 그간 대기업 기획자로 일하면서 경험한 내 생각과 노하우를 가감 없이 풀어낸 결과물이다. 처음 기획을 접하고자 하는 사람들이나, 이미 기획을 하고 있는 실무자들, 그리고 대기업은 어떻게 사업을 기획할지, 궁금한 사람들에게 꼭 필요한 내용만 담아냈다.

세상의 많은 직업 중에서 내가 기획 일은 선택한 건 행운이었다. 원래 내 직업은 개발자였다. 요즘은 개발자가 유망 직업으로 각광받지만 나는 기획자로 포지션을 옮긴 것을 지금도 후회하지 않는다. 개발자로 시작해 대기업에서 기획을 배우지 않았다면, 만약 개발자로 남았다면 어땠을까, 생각해보면 내 인생에서 최고로 잘 판단한 선택 중 하나였다.

지금은 경험이 쌓이며 세상을 바라보는 관점 그리고 사업을 바라보는 관점이 예전과는 많이 달라졌다. 앞으로 남은 긴 인생을 살아가는 데 있어 내가 배우고 경험했던 기획은 내가 좀 더 삶을 현명하게 잘 살아가도록 도와주는 나침반이 될 것이다.

POINT 1

대기업 사업 기획자란 누구이고 어떤 일을 하는사람들일까?

이 책은 신사업 기획이라는 아주 독특한 일을 하는 사람들의 이야기다. 기존 회사에서 해보지 않던 새로운 사업을 기획하여 시장에 런칭하는 일을 하며, 이 과정에서는 아무에게도 도움을 받을 수 없고, 아무도 내 편이 아닌 독특한 포지션이 바로 신사업 기획자다. 설사 신사업을 성공적으로 론칭하는 경우라고 해도, 주인공은 기획자가 아니라 주변 사람인 경우가 비일비재하다.

멋진 직업이라고 말하지 못해서 한편으론 참 우울하다.
'삼국지'에는 '킹 메이커'라는 단어가 있다. 삼국지의 주인공 '유비'를 왕으로 만드는 사람은 바로 '제갈량'이다. 기획자란 마치 제갈량처럼 뒤에서 성공을 조력하는 역할이라고 표현하고 싶다. 사업의 성공을 만드는 사람, 그러나 눈에 잘 띄지는 않는 사람. 당신이 그러한 사람이 된다면 어떤 곳에서 무슨 일을 하든지, 비즈니스의 주도권을 당신 쪽으로 움직일 수 있게 될 것이다.

POINT 2

기획은 아이디어가 아니다.
실행을 해내는 사람이 진짜다.

사업 아이디어를 내는 과정은 어렵고 쉽지 않은 길이다. 하지만, 아이디어가 나왔다고 하더라도 그것을 실현하기란 더욱 어렵다.

사막에 오아시스를 건설하자는 아이디어까지는 누구나 공감한다.

하지만, 오아시스를 어떻게 건설할 것인지?

오아시스를 건설하기 위한 생태계 구축은 어떻게 할 것인지?

지속 가능성은 있는 것인지?

비용 대비 수익은 얼마나 있을 것인지?

우리 회사가 할만한 사업인 것인지?

실제 고객은 누구인 것인지?

누가 건설해야 잘 만들 것인지?

우리의 파트너들은 누구인지?

이런 모든 의문을 다 해결해야만 하는 것이 바로 기획자다. 노력이 가장 많이 들어가는 일이라고 할까. 내가 보는 수치로 말하자면 성공하는 사업에서 차지하는 비중은 아이디어 20%, 실행 능력 80%이다.

지금부터는 머리를 빨리 돌리면서 이 책 내용을 따라와 주기 바란다. 책장을 덮을 때 즈음, 당신은 신사업 기획의 모든 것을 속성으로 흡수한 고수가 되어 있을 거라고 확신한다. 나는 최대한 현장의 언어로, 경험을 통해 입증한 것들만을 독자에게 컨설팅하듯, 전수할 예정이다.

지혜는 학교에서 배우는 것이 아니라,

평생 노력해 얻는 것이다.

알버트 아인슈타인

목차

추천사   4
들어가며   12

1장

꼴찌 사원을 에이스로 만든 '자기혁신의 비밀'

STEP 1	누구나 처음엔 밑바닥부터 시작한다.	25
STEP 2	스스로 '미운 오리' 되기	32
STEP 3	운의 힘마저 내 것으로 만들어라.	40
STEP 4	스스로 학습하고 스스로 발전하라.	51
STEP 5	뼛속까지 리뉴얼 하라.	76

나는 어떻게 인정받는 기획자가 되었나

STEP 6	오케스트라 지휘자가 되는 법	81
STEP 7	설득의 기술을 배워라	92
STEP 8	현장에서 통하는 기획의 비밀	98
STEP 9	100%의 성공을 만드는 기획 노하우	120

내가 본 대기업 내부의 세계

STEP 10	대기업에서 승진하는 사람들의 법칙	147
STEP 11	대기업 기획자로 롱런하는 비결	160
STEP 12	대기업에서 퇴사한 뒤 성공하는 법	169

부록. 언제 어디서든 통하는 '업무 비법 필살기'　　185
에필로그　　210

1장

꼴찌 사원을 에이스로 만든
'자기혁신의 비밀'

STEP 1

누구나 처음엔 밑바닥부터 시작한다.

세상에서 가장 이기기 어려운 사람은 누구일까? 바로 나 자신이다. 나 자신은 언제나 스스로에게 가장 큰 적이자 넘어야 할 벽이다. 물론 가장 필요한 친구가 되기도 하지만 말이다. 성장을 위해서는 반드시 나 자신을 쓰러뜨리고 다음 단계로 나아가려는 의지가 필요하다. 그러기 위해서는 밑바닥을 쳐야 한다. 그래야만 내 스스로가 보이고, 그다음 할 일이 보이기 때문이다.

중요한 사실 한 가지. 많은 사람들은 나 자신을 이기기 싫어한다. 나 자신과 다투고 싶어 하는 사람이 몇이나 될까? 나 자신과 잘 지내고 싶고, 나 자신이 해달라는 대로 해주면 인생은 편안하다.
그러나 성장이 일어나긴 어렵다. 성장의 과정에서는 스스로를 괴롭히고, 들들볶는 과정이 필연적으로 발생한다. 모든 분야의 성장이 그렇진 않겠지만 적어도 기획자에게는, 그런 과정이 필연적이다.

세상에서 가장 내성적인 기획자

내가 바닥을 쳤다고 하면 다들 믿지 않는다. 굴지의 대기업 스타 기획자인 나는 사람들에게 항상 신뢰를 주는 존재이다. 이런 내 과거를 말하면 다들 깜짝 놀란다. 그런데 나는 원래 소극적인 사람이었다. 대학을 졸업하고 컴퓨터 앞에 얌전히 앉아 코딩만 했으니 옛날 말로 '컴돌이'였다. 그런데 내가 어떠한 계기를 통해 그야말로 바닥을 쳤고, 신사업 기획이라는 세계를 만난 이후 완전히 다른 사람이 되었다.

스스로를 완전히 뜯어고치지 않으면 이 일을 할 수 없을 거란 생각에 죽을 힘을 다해 나를 바꾸었기 때문이다. 자존심은 당연히 버려야 했고, 피 나는 노력이 뒤따랐다.

예외가 없다. 적당히 할 것이 아니라 최고가 되려면, 처음에는 일단 바닥을 쳐봐야 한다.

사람들이 흔히 내게 물어본다. 대기업에서 신사업 기획을 하려면 정말 타고난 엘리트여야 할 것 같다고. 혹시 미국 아이비리그 나오셨냐고. 실무를 하고 있는 내 입장에서는 솔직히 말해야 하나, 항상 망설여진다. 솔직하게 말하면 모두 실망한다는 걸 알기 때문이다. 나는 그다지 대단한 스펙도 없고, 유학도 다녀오지 않은 평범한 사람이기 때문이다. 그러나 기획은 일이 사람을 만드는 것이지, 사람이 일을 이길 수 없는 분야다. 게다가 나는 원래 관련 분야의 경험과 지식이 전혀 없는 상태에서 기획 분야로 이직을 한 '듣보잡' 출신이었다.

당신이라면, 이런 상황에서 어떻게 나를 바꾸겠는가?

무조건 살아남기 게임

모르는 용어, 낯선 사람들과 환경에서 내가 살아남으려면 마치 영어 공부하듯이 기획을 죽어라 공부하는 것밖엔 달리 방법이 없었다. 영어 공부를 해본 사람은 다들 알 것이다. 공부를 하자마자 실력이 쑥쑥 오르던가? 아니다. 단어 공부를 하다가 회화 몇 마디 외울라치면 단어가 생각 안 나고, 그러다가 포기하고 싶어서 그만두는 사람이 거의 대부분이다. 그중 일부가 진득하게 단어 노트를 외우고 회화 연습을 하면서 실력이 조금씩 나아진다.

외국 드라마를 보면서 자막을 따라 암기할 정도가 되려면 최소한 1년 이상 영어 공부를 물고 늘어져야 한다. 영어 초보라면 당연히 누구나 그렇게 한다. 그런데 나는 기획을 영어공부 하듯 공부했다. 그러니까,

맨땅에 헤딩하듯 기획자가 된 남자가 바로 나다.

기획자는 뭔가 대단한 능력을 갖고 있을 거라 생각하는 분들을 위해 덧붙이자면, 나는 중학교 때는 전교생 450명 중에서 400등을 해서 늘 꼴찌 수준으로 공부를 못했다. 한 마디로 지진아였다. 고등학교 입학 시험에서는 모의고사 성적이 안 되어서 학교 진학을 못할 뻔하기도 했다.

매일 바닥을 치는 인생이었달까. 그러다가 어느 날 문득 생각했다.

나는 원래 머리가 나쁜걸까? 이게 정말 내 실력일까? 그렇게 깊이 고민하다보니 학교 성적이 머리가 좋고 나쁨의 문제가 아니라 얼마만큼 시간을 투자해서 집중하고, 노력했느냐의 문제라는 걸 알게 되었다.

정말 그 순간엔 머릿속에서 종이 울렸다. 머릿속에서 종이 울리면 뭔가 그 다음은 큰 변화가 일어난다. 나는 오로지 세 가지만 생각했다.

열심히 하고, 집중한다. 그리고 상상한다.

그랬더니 변화가 찾아왔다. 획기적으로.
고등학교 1학년 2학기 때는 반에서 1등, 전교 5등으로 성적이 쑥 올랐다. 그때 담임선생님, 부모님 모두가 놀랐다. 심지어 처음에는 내가 누구 것을 베꼈다고 생각했다.

하지만 치밀하게 노력해온 내 입장에서는 당연한 결과였다. 그냥 열심히 하면 된다는 걸 알았기 때문이다. 바닥을 친다는 건 다른 게 아니다. 그냥 100% 노력에만 의존할 생각이 들게끔 그냥 바닥을 언제 치느냐의 문제인 것이다.

기억하라. 바닥을 치면 기적이 일어난다.

그 이후로 내 인생은 새로운 터닝포인트라고 할 정도로 탄탄했다. 나는 대학에 들어갔고, 대기업에 입사할 수 있었다.

옛말에 그런 말이 있다. 음식도 먹어본 사람이 먹는다고. 나는 성적도, 성공도 모두 마찬가지라고 생각한다. 성취를 해본 사람은 계속 성취하게 되어 있다. 이걸 패턴이라고 한다. 바닥을 친 다음에는 최고가 되기까지 상승 과정을 거쳐서, 이후에는 성공에 관한 패턴을 학습하게 된다.

바닥 치기 〉 성취 시작 〉 성공 경험 〉 패턴 학습

이런 순서다. 내가 기획자가 된 것도 이러한 패턴의 자연스러운 연결이었다.

사실 나는 대기업에서 원래 개발을 했다. 그러다가 어느 날 문득, 기획이 하고 싶어서 기획 부서로 자리를 옮겼다. 당시 주변에서는 경력도 있는 개발자가 왜 커리어를 버리고 다시 신입이 되려고 하느냐고 모두 말렸다. 그런데 나는 가능성이 있다고 봤고, 내 안의 성공 패턴을 열면 기획자로 성공할 수 있다고 확신했다. 나는 성공 패턴이 몸에 밴 상태였다.

그러니 이 책을 읽는 당신이 누구든, 내가 해주고 싶은 조언이 하나 있다면 바로 이것이다.

성공 패턴을 학습하라

성공하려면 이 패턴을 먼저 익혀야 한다. 기획으로 돈을 벌려면 성공의 패턴이 장착되어 있어야 하는 것이다. 특히나 앞으로 설명할 기획의 세계에서는, 날고 기는 고수들은 모두 각자 이러한 성공 패턴을 경험하고 이를 현실에서 적용하는 고수들의 세계이다.

중요한 건 남을 베끼는 것이다.

패턴을 흡수한다는 건 남을 베끼는 과정이다. 아무리 돌려 말해도 내용은 같다. 베낀다는 게 남의 결과물을 훔친다는 뜻은 아니다. 나보다 더 뛰어난 사람, 정말 대단한 프로젝트의 요소를 하나하나 분해한 다음, 여기서 얻은 인사이트를 내 것으로 만드는 것이다. 인사이트를 말이다.

나는 원래 머리가 별로 뛰어나지 않다. 그런데 내가 가장 잘 할 수 있는 게 한 가지 있다. 바로 패턴을 잘 흡수한다는 것이다. 나는 보고 배워야 할 사람이 있으면 그 사람을 흡수한다. 취향, 생활습관, 일하는 방식 등 그 사람의 모든 걸 흡수한다. 그래서 상대방이 놀라워하면서도 나를 인정할 수밖에 없게 한다.

지금부터 나는 실무에서 내가 경험한 기획의 진수를 매장마다 여러분께 공개할 작정이다. 이 시크릿은 결코 누구에게도 가르쳐준 적 없는, 그야말로 나만의 핵심 노하우에 해당한다. 이 시크릿만 알고 있다면, 평생 어디 가서 기획을 못 한다는 말은 듣지 않을 것이다. 그만큼 핵심 기술이다.

"

기획의 시크릿 1. 패턴을 흡수하라

내 선배였던 멘토들이 신문을 읽으면 나도 읽고, 멘토들이 거래처와 말하는 습관 중 배워야 할 부분이 있으면 그대로 습득했다. 나는 멘토들이 말투 하나에도 배울 점이 있다면 머리에 새기고 따라했다. 왜냐하면 그러한 사소한 말투 조자도 사람을 움직이는 힘이 있는 것을 알았기 때문이다. 그리고 그것을 닮으려 할수록 내가 더욱 성장한다는 걸 알았다. 나는 이것이 성공의 비결, 기획의 비결이라고 생각한다. 패턴을 흡수하고, 이것을 내 것으로 만드는 것.

STEP 2

스스로 미운 오리 되기

이 책을 읽는 독자께 질문하고 싶다. 미운 오리가 될 자신이 있는가? 사람들은 모두 백조가 되고 싶어한다. 그러나 백조는 처음엔 미운 오리였을 확률이 높다. 다만 사람들이 그가 미운 오리일 때는 그를 주목하지 않았을 뿐이다. 그런데 백조가 되려면 전제 조건이 하나 있다. 그것은 바로 먼저 미운 오리가 되어야 한다는 것이다.

내가 미운 오리를 좋아하는 이유

개발자로 처음 시작한 사회 경험을 시작했을 때는 절대 호락호락하지 않았다. 미운오리새끼 취급을 받았다. 개발이든 기획이든 조직에 처음 들어간 사람은 강한 텃새를 견뎌내야 하는데 내가 들어간 조직은 이상하게도 그 텃새가 유난히 강했다. 나는 날 때부터 된통 꼬인 인생이라 생각할 정도였다.

개발업무로 시작한 첫 직장은 중소기업이었다. 그곳에 있는 모두가 정말 죽도록 나를 부려 먹었다. 중소기업이란 무엇인가. 대기업의 하청이다. 대기업의 하청은 최대한 비용을 쥐어짜고 효율을 내야 한다. 개발은 사람이 하는 일이기 때문에 쥐어짤 수 있는 건 결국 사람이다. 말도 안 되는 일정에, 말도 안 되는 프로젝트들이 파도처럼 밀려왔다.

매일 야근을 하는 회사에 직원이 남을 리 없었다. 많은 동료들이 그만두었다. 급여에 비해 일이 너무나도 고되고 힘들었던 것이다. 당연히 나도 갈등이 됐다.

'아, 너무 힘들다. 그만둘까...'

누가 봐도 그만두는 게 이상하지 않은 상황이었다. 그런데, 그때 마음속으로 딱 하루만, 하루만 더 집중해보자는 속삭임이 들려왔다. 이런 반문도 들렸다.

'너는 이걸 그만두기 전에 정말 여기에 최선을 다했다고 말할 수 있니?'

질문에 답이 안 나왔다.

최선을 다한다는 의미는 현재를 후회하지 않고 시간을 허투루 쓰지 않는다는 것이었다. 사실 그렇게 하기 위해서는 매시간을 집중하여 인풋 대비 최대의 아웃풋을 끌어내는 작업인데, 나는 스스로에게 이렇게 일을 했다고 말할 확신이 안 들었다.
사실 매시간시간을 집중하기란 정말 어렵다. 나중에 알게 된 사실이지만 이 또한 연습이고 습관이다. 사실 모든 사람에게 시간은 정해져 있지 않다. 정해진 시간 동안 얼마나 집중해서 일을 처리하느냐가 바로 업무량을 결정한다. 하지만 그때 재직했던 회사에서 그만 둔 사람들은 공통점이 있었다. 바로 집중이 아니라 불평을 하는데 업무 시간 대부분을 썼다는 것이다. 그들은 단 한 번도 깊숙하게 일에 매진해본 적이 없었다.

어쩌면 이것이 그들이 실패한 이유가 아닐까.

나는 이렇게 생각했다.

> **기획의 시크릿 2. 현재 순간에 최대한 집중하고 상상하라.**
>
> 나보다 더 안 좋은 환경에서도 버티는데 일단 긍정적으로 최대한 집중해보자. 뒤로 돌아갈 수 없다. 전진하여 살길을 모색하지 않으면 난 죽는다. 이런 각오로 미친 듯이 일에 몰입해보자. 그러면 거의 무아지경으로 일할 수 있다. 내가 그렇게 일했더니 모두 날 괴물이라고 했다. 중소기업에서 그 월급 받고 왜 그렇게 열심히 하냐고 비웃는 사람도 있었다. 나는 신경쓰지 않았다. 그리고 그 당시엔 내가 그렇게 열심히 한다는 것에 대해 아무런 보상도 주어지지 않았다. 그것조차 상관없었다. 내가 가장 일을 잘한다는 것, 오직 그것만 입증하고 싶던 시절이었다.

공짜가 없으니 더 잘 된 것

세상에는 공짜가 없다. 의미 없는 노력은 없다는 뜻이다. 노력은 어떤 형태로든 반드시 보상으로 돌아온다. 사람과의 관계도 똑같다. 상대에게 최선을 다해 도와주면 그 대가는 반드시 나에게 돌아온다.

내가 좋아하는 책 중에 '더 기버'라는 책이 있다. 파란색 커버로 되어 있는 이 책을 당신에게도 추천한다. 꼭 일독하길 바란다.
이 책에는 성공에는 반드시 씨를 뿌린 대가로 열매가 돌아오는데, 이때 대가 없는 희생이 필수라고 적혀 있다.

'Connecting the Dots'이라는 말을 들어본 적이 있는가? '기억의 점들을 연결한다'는 뜻으로 스티브 잡스가 얘기한 말이다. 현재 내가 집중하고 있는 모든 일들이 나중에 연결되어 나의 미래 모습으로 보인다는 의미이다. 지금 하고 있는 일들을 열심히 점을 찍으며 자산으로 생각하며 일을 진행하다 보면 그 자산들이 모여 나의 먼 미래의 성공에 길을 만들어 줄 것이다.

'대가 없는 희생'

누가 과연 대가 없이 희생하고 싶어할까. 하지만 나는 그 당시의 과도한 업무가 희생이 아니라 '씨 뿌리는 과정'이라고 생각했다. 그리고 대가 없는 희생을 했다. 누가 알아주길 바라서도, 보상을 생각해서도 아니었다. 그냥 그렇게 하는 게 내가 일하는 최고의 업무 태도라고 생각했다.

그리고 그 회사를 그만두고 난 뒤에는 완전히 그걸 잊었다.

보상은 한참 뒤늦게 찾아왔다.

보상이, 오기는 온 것이다. 그리고 대기업에 입사하고 개발 업무를 맡았을 때, 이미 온갖 대기업 외주 일감을 도맡아서 처리한 경험을 갖춘 슈퍼맨이 되어 있었다. 처음부터 대기업에 입사해서 개발을 했던 사람은 내게 게임이 되지 않았다.

나는 그때쯤 오리에서 백조가 되어 있었던 것이다.

다른 사람들은 매달 2~3건의 개발 프로젝트도 허덕거렸지만, 나는 매달 5~6건의 프로젝트도 너끈히 처리했다. 중소기업에서 오랜 시간 갈고닦은 실력이 뒤늦게 발휘된 것이다. 나는 사내 인정과 빠른 승진이라는 열매로 이때의 씨 뿌린 것에 대해 보상받았다. 정말 나는 누구보다 그 달콤한 결실을 손에 넣었다.

사람들은 이후부터 나를 '슈퍼 개발자'라고 불렀다. 하지만 나는 오히려 스스로가 아직 미운 오리라고 생각했다. 그리고 앞으로도 백조처럼 보이는 미운 오리가 되어야겠다고 결심했다. 나는 사내에서 인정을 받은 이후에도, 나 스스로를 잘 모르는, 아직 배울 게 많은 사람이라고 말하고 다녔다. 그 편이 더 나를 성장시키는 데 도움이 되기 때문이다.

"김세호 씨는 일처리가 빨라서 좋겠어요."

"하하, 제가요? 저는 그냥 집중을 하려고 할 뿐인데요."

사람들이 물으면 나는 이렇게 얼버무린다. 주변 사람들은 내가 일처리가 빠르다고, 일이 많이 쌓여 있는데도 스마트하게 잘 처리한다고 하는데 이건 겉모습만 봐서 그렇다. 백조도, 오리도 겉모습은 새하얗고 우아하다. 단지 수면 아래에서 발을 빠르게 저으며 헤엄칠 뿐이다. 나는 그렇게 매사에 노력하는 사람이 되고 싶었다.

미운 오리는 언제나 절박하다.

나는 내가 언제나 절박한 마음인 게 좋다. 그 상태를 즐긴다고 해도 과언은 아니다.

아무리 일이 많다 하더라도 열심히 집중하고, 매사 처리 방법에 대한 상상력을 더해준다면, 내가 독보적인 위치에 오를 거라는 걸 알았기 때문에 남들보다 집중한 것이다. 그랬기에 결과물도 더 좋게 만들어 낼 수 있었다. 누구나 일이 많으면 포기하고 싶은 생각이 든다. 그러면 어떻게든 해결해야만 하는 절박함이 아니라, 머리의 생각이 멈춰버린다.

내가 상상하고 집중할 수 있는 비결? 그건 지금 바로 이 순간 퇴로가 없는 절벽에 서 있는 듯한 상상을 한다.

나보다 실력이 부족한 사람에게도 항상 배울 점은 있다. 나는 실력이 부족한 사람에게서는 배울 점을 찾았고, 나보다 실력이 좋은 사람을 보면 그 사람의 뛰어난 점을 흡수하며 계속 실력을 갈고 닦았다.

그렇게 3년을 하면 어느 업종에서나 두각을 드러내지 못할 게 없다고 생각한다.

그러나 3년이 어렵다.

사람들은 어떤 일을 새로 시작할 때 3개월을 못 버티고 포기한다. 그러다가 1년 차가 되면 이제 조금 적응을 하고 몸이 풀리기 시작한다. 그러나 아직 자만하기엔 이르다. 남들이 인정할 만한 실력이 쌓이려면 꼬박 3년이 필요하다. 그때까지는 계속 시행착오가 있을 수 있다. 실패할 수도, 망할 수도, 아니면 엄청난 성공을 거둘 수도 있다.

여기에 성공의 비밀이 숨어 있다.

기획의 시크릿 3. 성공을 위해 3년을 버틸 수 있는가.

중요한 질문은 이것이다. 3년 차까지 버틸 수 있을까? 무슨 일을 하든, 어떤 일을 하든 그 일을 3년 동안 지속할 정도로 인내할 수 있을까? 내가 죽이 되든, 밥이 되든 그 일에서 가능성을 봤다면 우직하게 3년을 버텨야 한다. 당신은 그것을 해낼 수 있는가?

STEP 3

운의 힘을
내 것으로 만들어라

인정하고 싶지 않은 사람도 있겠지만, 세상일은 대부분 운의 영향을 받는다. 실력도 중요하고, 노력은 더 중요한데 결정적인 것은 운이다. 인생은 타이밍이라는 말도 있지 않은가. 운을 키우면 실력도 덩달아 커진다. 그리고 더더욱 결정적인 것은 그 운마저도 내가 스스로 만들어낸다는 것이다.

인생은 절반이 타이밍이다.

내가 대기업에 입사해서 기획자로 변신한 것도 돌이켜보면 운의 작용이 컸다.

나는 공대 석사를 졸업하고, 박사를 수료한 다음 병역 특례 업체에서 근무했다. 원래는 공부를 더 하고 싶었는데 병역 면제 혜택이 적용되는 전문 연구원 제도가 폐지된다는 말에 부랴부랴 회사 입사를 하게 되었다.

만약 그때 대학에 그대로 남았다면? 아마 기획자가 될 일도 없었을 거고, 이 책을 내지도 않았을 것이다.

여기서 한 번 더 질문해보겠다.

이 글을 읽는 독자는 ooo 스타일인가? 여기에 다양한 수식어를 넣어보자.

'나는 사업가 스타일' '나는 개발자 스타일' '나는 공무원 스타일'…

이런 것을 전문용어로 '스테레오 타입'이라고 한다. 즉, 전형적인 패턴으로 구분한다는 뜻이다. 하지만 스테레오 타입은 반은 맞고, 반은 틀렸다. 사람은 타고나는 기질도 있지만, 나머지는 운과 노력에 의해 바뀐다.

기억하자. 원래부터 정해진 타입은 없다.

나는 원래 전형적인 학자형 스타일이었다. 공부가 취미에 맞았다고 해야 할까. 대학원에 진학해 전공한 패턴 인식(인공지능의 한 분야) 쪽으로 더 깊게 파고들고 싶었다.
대기업에 처음 입사했을 때도 군 복무 등 때문에 딱 5년만 일하고 다시 돌아오자는 생각으로 입사를 했었다. 개발자로 일가를 이루겠다는 생각 같은 건 당연히 없었고, 내가 하는 일에 사명감을 느낀 적은 더더욱 없었다. 다만, 나는 내 학문적 지식을 실용화하는 측면에서 개발이 도움이 될 거라고 생각했다.

그런데 어느 날, 내가 일하던 걸 가만히 지켜보던 한 선배가 넌지시 말했다.

"기획 일을 배워보는 게 어때?"

갑자기 생뚱맞게 기획이라니, 처음에는 이게 무슨 소린가 싶었다. 그런데 개발을 하면서 기획자랑 일하다 보니 제품 기획 모델이라는 것에 관심이 생겼다. 어차피 제품이 개발되어 나오는 상황이라면, 기획에서부터 개발까지의 과정이 유기적으로 연결되면 좋지 않을까. 무엇보다 나에게 기획자가 되어 보라고 권유한 선배의 말 한마디가 머리를 퉁 쳤다. 선배는 내게 이렇게 말했다.

"살면서 모든 일들도 기획으로부터 시작하는 거거든, 기획 쪽 일을 배워두면 더 넓은 시각에서 사물을 바라보는 관점도 생길 거야."

세상 모든 일의 시작과 끝이 기획이라는 것, 세상에 기획이 없는 상품이나 서비스는 존재하지 않는다는 것이 바로 선배의 말이었다.

사실 그랬다. 당시 학자의 길을 가고 싶었던 나에게도 논문을 쓰고 프로젝트를 수행하기 위해서 기획력을 필요해 보였다. 대기업에서의 기획이라는 것을 배우고 나면 앞으로 내가 살아가는 데 있어 많은 도움이 될 것 같다. 처음엔 딱 이런 마음이었다.

이 말은 기획자가 된 지금도 나에게는 울림이 크다.

주어진 일만 반복하면서 기존에 알던 지식을 활용해서 살 것인가, 무에서 유를 창조하는 기획의 세계에서 인생의 변화를 만들어볼 것인가.

스테레오 타입 구분으로 보자면 나는 무덤덤한 학자형 스타일이다. 왠

만해서는 충격을 받거나 잘 놀라지 않는 성격이기도 하다.

그런데 그때만큼은 선배가 한 말이 머릿속에 빙빙 맴돌면서 며칠 동안 제대로 잠을 잘 수 없었다.

'인생의 가장 큰 기회를 흘려보내는 건 아닐까. 단지 안정적으로 직장 생활을 한다는 것 외에는 딱히 성장도, 발전도 없는 인생...'

그 순간 갑자기, 불현듯, 지금부터 어떻게든 변화해보자는 생각이 들었다. 내가 알았던 세계를 버리고 무에서 유를 창조하는, 언제 무슨 일을 해도 삶에서 큰 무기가 되어줄 기획의 세계를 배워보자고 말이다.

완전히 새로운 사람이 되자는 결심

그렇게 결심한 어느 날, 사내 인트라망에 접속해 검색을 시작했다. 내가 다니던 회사는 사내 인트라망을 통해 조직도를 살펴볼 수 있다. 나는 조직 내에서 기획을 가장 잘하는 사람이 누구인지 찾았고, 무작정 그 팀장에게 메일을 보냈다. 그룹 내 총 200명의 기획자 중에서 누가 기획을 가장 잘하는지 물론 알 길은 없었다.

그게 바로 내가 처음 기획을 배운 1팀이었다.

지금도 가끔 내가 그때 왜 수많은 팀 중에서 1팀을 선택했는지, 가끔 의아해지곤 한다. 그때 내 생각에는 '1팀이라면 그래도 뭔가 이유가 있지 않을까' 하고 생각했었다. 그 생각이 들고나서 곧바로 기획1팀 팀장에게 메일을 썼다. 메일을 쓰면서도 뭐에 홀린 듯 조금도 망설임이 없었다. 개발팀에서 일하고 있는데 지금에라도 기획을 제대로 배워보고 싶다, 그러니 나를 좀 데려가 가르쳐달라, 열심히 하겠다는 내용이었다.

그런데 놀랍게도 답장이 왔다. 면접을 한 번 보자는 것이었다.

그런데 기획에도 여러 장르가 있다. 제품 기획, 디자인 기획, 개발 기획 등. 처음에는 1팀이 신사업 기획 부서인지도 모르고 지원했다. 신사업 기획 부서에 배치된 걸 알게 된 건 이직 후 한참 뒤의 일이다.
내가 다니던 회사는 조직 간 이동에 꽤 보수적인 편이다. 당시에는 우선 소속된 팀의 팀장이 나를 보내줘야 하고, 그게 조건이 되어 새로운 팀장이 나를 받아주어야만 부서 간 이동이 성사되었다. 마치 프로축구 선수가 이적하는 것과 같달까. 일단 내가 이동하고자 하는 기획팀장이 나를 받아주기로 했으니 이제 나를 보내줄 팀장의 허락만 받으면 되는 상황이었다.

그런데 갑자기 나를 보내주어야 할 부서에서 나를 놔주지 않겠다고 고집을 부렸다. 한참 일을 가르쳐서 이제 할 만한 사람이 되었는데 부서를 옮기겠다고 했으니 곱게 보이지 않았을 것이다. 특히 개발팀에서 기획팀으로 부서를 옮긴다는 것은, 마치 대학으로 말하면 공대생이 경영대로 옮기는 것과 같은 뉘앙스이다. 조직의 리더 입장에서는 인력을 잃고 조직 분위기를 흐릴 수도 있는 문제였다.

대기업 내에서 다른 일을 맡는다는 게 얼마나 어려운 일인지, 그때 느꼈다.
기획 조직으로 옮기는 데 1년이 걸렸다. 기존 조직에서 절대 놔주지 않겠다는 것이었다. 팀장은 물론이고 그 위 담당도 반대하는 것이었다. 조직책임자들의 눈 밖에 났고, 이미 조직에선 또 한 번 미운 오리 새끼가 되었다. 그쯤 되자 실력이 아니라 사내 정치에 휘둘리는 느낌이었다. 영혼 끝까지 털리는 기분이었다.

'더 이상 회사를 다니는 게 의미가 있을까. 이제 정말 그만둬야겠다.'

나에게 스트레스만 쌓일 뿐 의미가 없었다. 회사를 그만두고 학교로 돌아가야겠단 생각을 했다.

그 무렵 갑자기 팀장이 나를 조용히 불렀다. 1년만 더 일해주면, 이번 중요한 프로젝트만 잘 도와주면 보내주겠다는 것이었다. 팀장 입장에서도 어렵게 영입한 팀원이 그만두는 건 큰 손해였다.

나는 많이 고민했다. 하지만 이번 기회를 날린다면 앞으로 기획을 배울 수 있는 기회가 없을 것 같았다. 팀장에게 가서 1년 열심히 하겠다고 했다. 그리고 꼭 보내달라고 했다. 기획 팀장에게도 찾아가 상황을 설명하고 1년만 기다려 달라고 부탁했다. 다행히 기획팀장이 그래 주겠다고 했다.

그래, 나 폭탄이다, 어쩔래

사실 어렵게 기획팀이 들어갔지만 처음에 나는 팀에 그야말로 폭탄 덩어리였다. 팀장은 아무 것도 모르는 과장급 직원을 받아서 일을 가르치려면 적잖은 부담을 져야 했다. 어렵게 설득 과정을 거쳐서 부서 이동이 허락된 날, 처음으로 이동한 부서로 출근했다. 당연히 아무도 나를 몰랐고, 내 존재감은 제로였다.

그렇게 한 일주일이 지났을까. 어느 날은 팀장이 나를 불렀다.

"아직도 개발자 티 내는 거야?"

팀장은 다짜고짜 이렇게 물었다.

"네? 제가 뭘 잘못했나요?"

"지금 개발이 아니라 기획자로 온 거잖아."

내가 너무 소극적이라는 것이다. 팀장이 나무랬던건 마음가짐이었다. 개발을 진행 할때는 사실 청바지에 후드티를 입고 다녔다. 하지만, 기획자는 셔츠 차림의 세미 정장 차림이었다. 그렇게 며칠째 복장의 변화도 없는 채 덩그러니 앉아만 있던 나를 보다 못해 팀장이 한마디 한 것이다. 외부 사람들을 만나는 미팅에서 청바지와 후드티는 좋은 인상을 남기지 않는건 사실이다. 나는 그걸 팀장의 지적을 받고서야 알아챌 정도로 둔했다.

"아, 죄송합니다. 내일부터 당장 옷차림부터 바꿀게요."

이 옷차림에 적응하는 데만도 1년이 걸렸다.

> **❝**
> **기획의 시크릿 4. 어떤 곳에서도 살아남는 적응력을 키워라.**
>
> 이렇게 복장 하나를 바꾸는데도 생각이 바뀌지 않으면 엄청난 힘이 든다. 그렇지만 나는 옷차림 하나, 말투 하나까지 팀에 완벽하게 맞추어 나를 바꾸었고, 그렇게 나를 바꾸자 어느 날부터 변화가 시작되었다. 당신이 무슨 일을 하든, 성공의 가능성을 본 조직에 소속되었다면 뼛속까지 자신을 바꾸는 노력을 해야 한다. 그걸 성공하면 성공은 이미 반은 완성된 것이나 마찬가지다.

나는 깍두기라도 상관없다

기획부서에 처음 출근하니 신세계였다. 개발자는 청바지에 후드티 차림으로 일하면서 정해진 일정대로 개발만 잘하면 되는 일이었다면 기획자는 끊임없는 회의에 다른 외부 사람들을 만나고 협의하는 시간이 더 많았다.

기획팀에서는 회의를 잘 주도하는 사람이 주목받았다. 기획자는 내부 이해관계자인 디자이너, H/W, SW, 기구, UX, 마케팅 등 그리고 외부 파트너들과 만나 가장 최선의 방향으로 제품의 방향을 결정하고 설득하고 한 마디로 기획자는 사람과 끊임없이 회의하는 게 전부인 일이었던 셈이다. 프로젝트가 시작되면 이러한 일이 대부분의 업무를 차지했다.

그런 기획의 세계에서 개발자 출신 신입인 나는 처음부터 아무런 역할을 하지 못했다. 어릴 적 놀이에서 한쪽에 우두커니 있으면서 게임을 구경만 하는 사람을 '깍두기'라고 한다. 내가 딱 그런 깍두기 신세였다. 출근을 해도 아무도 내게 일을 시키지 않았고, 회의에서도 아무런 발언권이 없었다.

처음에는 내가 개발팀에서 와서 아무 것도 모르기 때문에 그런 것이겠거니 했다. 그런데 한 달, 두 달이 지나도 변화가 없었다. 아무도 나를 팀원 대접을 하지 않았다. 나는 꾸어다 놓은 보릿자루, 아니 차라리 있으나 보이지 않는 유령과 같은 존재였다. 아무 말도 없이 하루종일 멍하니 의자에 앉아 있는 것도 하루 이틀이었다.

곧 팀에 있는 순간순간이 지옥처럼 느껴졌다.

지금에 와서 돌이켜보면 어떻게 버텼나 싶다. 이렇게 힘든 시간을 나는 무려 3년을 버텨냈으니까. 내가 누구이고, 무엇을 해야 하고, 어떻게 팀에 기여할 지 내 역할을 재정의하는 데 만도 3년이 꼬박 걸렸다.

나를 데려온 팀장은 겉으로는 아무런 지시도, 간섭도, 격려 내지는 질책도 하지 않고 그저 지켜보기만 했다. 가끔 내가 있는 자리에 와서 어깨를 두들기며 잘해보라는 의미의 제스처를 취했을 뿐.

기획이란 게 그렇다. 누구도 내게 할 일을 먼저 말해주지 않는다

지금 생각해보면 처음 부서를 옮겼을 때의 나는 대화가 안 되는 사람이었던 것 같다. 사람들이 나를 따돌린 것이 아니라 단지 자신들의 일이 너무나 바빴기 때문에 나에게 업무를 알려주거나 나와 일을 나눌 생각을 하지 못했던 것이다. 그럼 그게 누구의 탓일까, 그들일까 나일까.

당시 팀에서는 웨어러블 기기에 대한 신규 프로젝트가 진행되고 있었는데 SW를 전공한 나의 입장에서, 그리고 시키는 일만 담당했던 나는 그 프로젝트를 같이 하고 있던 H/W, 기구 개발자, 디자이너 누구와도 말이 통하지 않았다. 그들은 전문 용어를 써가며 깊이 있게 대화를 나누며 일을 진행해나가는데 비해, 나는 그 진행 상황 중에서 어느 지점을 파고 들어야 할지도 전혀 몰랐던 것이다.

그러니까 나는 이런 공백을 메우기 위해 최소한 팀원들의 대화라도 파악하기 위해 공부를 했어야 했다. 그건, 누가 가르쳐주는 게 아니다.

STEP 4

스스로 학습하고
스스로 발전하라

팀장은 항상 내게 이렇게 말했다. "기획할 때는 회사 전체의 관점으로 일을 해라." 만약 내가 가전사업부에 소속되어 일을 한다고 해도, 가전만 보고 일하기보다는 자동차나 다른 사업과 연결해서 생각해보라는 거였다. 이렇게 하면 좋은 점이 뭘까? 전혀 다른 업종 간의 결합을 생각해볼 수 있다. 예를 들어 무에서 유를 창조하게 되는 셈이다.

사고의 연결을 배우다.

집과 자동차를 연결하다 보면 스마트폰이라는 연결고리가 생기고, 이걸 통해서 연결 경제에 대해 생각하게 된다. 기획 일을 하기 전에는 그런 식으로 생각해본 적이 한 번도 없었다. 이런 습관은 기획 일을 하고 스스로 발전하고 학습하는 과정에서 나타난 변화다. 이걸 가르쳐준 사람이 바로 기획 팀장이다.

내가 현재 크고 다양한 판을 그리게 된 이유도 팀장을 통해서 기획의 정점을 배웠기 때문이다.

사실 처음에는 나도 어버버 했다. '지금 하는 일만 해도 벅찬데 이걸 어디까지 하라는 건지' 이해하기 어려웠다. 그러나 기획 경험이 쌓일수록 기획의 전체 그림을 그리게 되고 내가 미처 이해하지 못한 해결책을 발견하게 되었다.

어느 분야나 그렇겠지만 기획은 경험을 통해 체득되는 분야다. 수술을 많이 해본 사람이 존경을 받는 것처럼, 기획도 마찬가지다. 수많은 경험을 통해 체득되어 가는 과정이 크다. 따라서 누구와 함께 일했느냐? 누구한테 기획을 배웠느냐는 앞으로 당신이 나아가는데 있어 가이더 역할이 될 것이기 때문이다.

정보를 습득하는 과정부터 협상/토론장에서 리딩하는 방법 등 옆에서 보고, 듣고, 느끼는 과정이 굉장히 중요하다. 물론 책을 통해 이렇게 해야 한다는 습득도 중요하지만, 기획을 처음 시작 하는 분이라면 반드시 모두가 존경하는 기획 전문가로부터 초기 길을 배워야만 한다.

가장 까다로운 사수가 가장 좋은 스승이다.

내가 처음 만난 팀장은 '기획의 신'이라 불리던 사람이었다. 그는 어떤 사업기획이 되었던 그 사업의 방향을 잡을 줄 알았다. 아무리 새로운 사업이라도 이 사람은 한 눈에 훑어보고 기획의 결을 만들어내어 보는 사람을 놀라게 했다.

팀장은 처음 기획자가 된 내게 5가지 미션을 주었다. 그것은 내가 기획자로 성장하기 위해 필수적으로 배워야 할 과정이라고 했다.

팀장은 내게 말했다.

"5가지만 완벽하게 마스터해. 그럼 너는 이 회사 최고의 기획자가 될 거야."

물론 나는 그 순간 최고의 기획자가 될 준비가 되어 있었다.

미션1. 기획의 신에게 한 수 배워라

팀장에게 배운 첫 번째 깨달음은, 기획의 핵심이었다.
옆에서 본 나의 첫 번째 스승은 기획의 내용이 일방적인 주장이 아니라 합리적이고 논리적인 콘텐츠로 무장하고 있었다. 그는 자신이 만든 기획안에 대한 반박을 논리적으로 모두 격파하면서 독보적인 기획력도 자랑했다. 수많은 경험을 통해서 체득한 것이었다. 그가 기획을 하면 모두가 '아, 그렇구나'라고 수긍할 수밖에 없었다. 그처럼 기획하는 데 있어서는 제품의 본질, 시장, 기술, 경쟁 생태계에 대한 정확한 분석이 반드시 선행되어 있었기에, 누가 반박 질문을 하더라도 막힘이 없었다.

더군다나 그는 특히 기술 트렌드에 있어서도 누구보다 앞서 있었다.

처음 선행 상품 기획팀에 왔을 때, 다른팀과는 달리 팀원들의 역할이 특이했다. 기획팀의 특성상 상품 기획자들로만 구성되는 게 정상인데, 이 팀은 달랐다. 나를 포함하여 기획자는 총 9명. 순수 상품기획자는 겨우 3명이었다. 나머지 각자가 맡은 역할은 보면, HW/기구 담당자, SW담당자, B2B 사업 담당자, 국내외 신기술 발굴 담당자, 대외협력 담당자, 마케팅 담당자로 구성되어 있었다.
연구소도 아니고 마케팅 팀도 아닌데 말이다. 보통 상품기획팀에 상품 기획자들로만 구성되어 있는 것이 일반적이다. 참 이상한 조합이었다. 지금에서 보면 무릎을 탁 치는 조합이라고 생각되지만, 처음엔 그렇지 않았다.

기획자가 딴 세상 얘기를 듣는 이유

이러한 팀원들이 새로운 제품을 기획할 때 어떻게 될까? 팀장은 필요한 중요 정보는 상품 기획자들의 시각에서 얘기를 듣는 게 아니라 내 편이 되어 있는 팀원들한테 다른 세상 얘기를 듣고 있었던 것이다.

만약 신규 스마트 워치를 기획 한다고 하면, HW/기구 담당자로부터 스마트워치에 적합한 디스플레이부터 밴드, 외관에 대한 가감 없는 대내외 정보를 들을 수 있으며, SW담당자에게는 최근 유행하는 서비스부터 스마트워치에 적합한 신규 기능과 경쟁사에 대한 정보를 들을 수 있고, 국내외 신기술 담당자로부터 스마트워치에 들어가는 최신 기술 정보를 기반으로 타 경쟁사 대비 먼저 그 기업과 협력을 이끌어낼 수도 있다.

또한, 상품이 출시될 것을 대비해서 대외협력부터 B2B 사업 그리고 마케팅 플랜까지 나의 편이 된 사람들로부터 정확한 정보를 얻을 수 있는 것이다. 그럼, 이제 상품기획 담당자는 이러한 정보들을 기반으로 최고의 제품을 기획할 수 있다. 그리도 상품 기획 초기부터 마케팅과 판로를 계획했기에 일관성 있고 흐트러지지 않은 컨셉 또한 유지할 수 있는 것이다.
이렇게 파악한 정보원을 통해 최신 기술을 가져와 기획안을 구성하고 나면, 일단 기획안에서부터 100점을 받고 시작하게 된다.

기획의 시크릿 5. 정보를 끊임없이 수신하는 안테나가 되어라

어찌 보면 기획자는 스파이처럼 정보를 잘 모으고, 이 정보력을 토대로 사람을 움직이게 하는 능력이 아닐까 싶다. 팀장처럼 뛰어난 기획력을 가진 사람은 모든 것이 자신의 머릿속에서 나온 게 아니라 오랫동안 꾸준히 습득한 외부 정보원을 통해 마련된 빅데이터였던 것이다. 이처럼 기획자는 정보를 실시간으로 항상 수집하는 사람이 되어야 한다.

기획자는 생태계를 구축할 줄 알아야 한다.

보통의 기획 부서는 이런 식으로 일하지 않는다. 어떤 시장을 분석해서 거기에 필요한 내용을 하나하나 기획해나가는 게 기존의 기획이라면, 신사업 기획은 어떠한 가설을 세우고 그에 따른 기술력과 정보를 모아서 무에서 유를 창조하는 과정에 가깝다. 혹은 기존의 있던 질서를 깨고 새로운 패턴을 만들어내는 작업과도 같다.

사람을 잘 파악하고, 그들의 강점과 약점을 파악하는 직관을 갖추어야 함도 물론이다. 이 때문에 기획자는 지식과 경험, 감각을 갖춘 팔방미인이어야 할 수밖에 없는 것이다. 나는 팀장이 가르쳐준 첫 번째 가르침을 마음속 깊이, 보약처럼 흡수했다.

그리고 언젠가는 나 역시 팀장과 같은 에이스 기획자가 되리라고 결심했다.

<u>미션2. 기획의 철학을 배워라</u>

나에게 주어진 두 번째 미션은, 바로 기획의 철학을 배우는 것이었다. 기획에도 철학이 있을까? 답은 그렇다, 이다. 그러나 철학은 보통 사람에게서는 배울 수 없다. 오직 괴짜에게서만 배울 수 있다.

나중에 알게 된 사실이지만 내가 합류했던 1팀은 기획팀 중에서도 독특한 사람들이 모여 있었다 굳이 비유하자면 '괴짜들의 조합'이랄까. 철저히 개인주의적이고 자기만의 개성이 강한 조합으로 기획부서에서도 '공포의 외인구단'이라는 별명이 있을 정도였다.

나는 이 팀 안에서 총 4명의 보스와 6개월 단위로 일하면서 기획의 내공을 쌓았다. 4명은 팀장의 지휘 아래 자신이 맡은 기획 프로젝트를 완수하는 데 혈안이 되어 있었다. 기획으로 끝을 보겠다는 마음을 먹게 된 이후 내가 결심한 건 이랬다.

누구와 함께 일하든 이 사람들이 원하는 스타일을 맞춰 주는 사람으로 바뀌겠다. 그렇게 하기 위해서 매번 나 자신을 텅 비우겠다. 이렇게 바뀐 나를 믿어준 선임들의 장점을 모두 흡수해서 종국에는 나 역시 '기획의 신'이 되겠다

이렇게 말이다.
내 두 번째 미션은 J부장을 통해서 전수되었다. 그가 나를 호출해 그 밑에 가서 일을 하기 시작을 했다. J 부장은 국내 굴지의 'P'공대 물리학과 출신이다. 1990년대엔 의대보다 물리학이 더 인기가 높았다. J 부장은 IT 분야 기획 업무를 하고 있었는데 상품 기획 경력이 굉장히 많았다. 특히 대외적으로 사람들을 통제하는 기술이 뛰어났다.
그런데 이 사람만의 독특한 철학이 있다. 이 사람의 철학을 드러내는 일화로 한 번은 이런 일이 있었다.

기획자의 고객은 누구인가

신제품 런칭 전에 기획 단계의 제품이 나오면 윗 사람들도 궁금해하고 써보고 싶어 한다. 그런데 기획 단계의 제품은 수작업으로 제작해서 샘플이 몇 개 안되어 희소성이 높다.
어느 날, 전무님이 '본부장님 보여드리게 샘플 하나 줘 봐.'라고 해서 J부장은 샘플을 준비 했다.

그런데 어느 날 전무님이 그 샘플을 가져오라고 했는데 J부장은 '그 샘플 미국 바이어에게 보냈습니다.'라고 했다. 당장 본부장님에게 가서 보여드려야 하는 전무님 입장에서는 엄청 당황스러운 상황이었다.

내부 사람들보다 고객이 더 중요하다는 것이 그의 생각이었던 것이다. 나는 그 얘기를 듣고 좀 황당했다.

'보통은 당연히 윗사람이 제일 중요한데 이 사람은 그렇지 않구나.'

회사에서도 고객이 중요하다고 하듯이 나도 고객이 중요해서 고객에게 먼저 보내드렸다는 관점이다. 하지만 그의 고객은 미국의 AT&T 통신사업자였다. 이 일로 전무님이 많이 당황하셨던 건 물론이다.

J부장은 함께 어울리기에도 장벽이 느껴지는 사람이었는데 나로서는 오히려 그 기회를 역이용했다. 그 사람의 기획 철학을 배워볼 수 있는 기회라고 생각한 것이다.

기획의 시크릿 6. 훌륭한 기획자는 디테일에 완벽하게 집착한다.

J 부장이 내게 가르쳐준 건 바로 디테일의 중요함이다. 그는 제품의 컨셉을 만들 때는 먼저 메인 키 컨셉 3개를 잡는다. 컨셉을 만드는데 있어서 컨셉 하나가 워드 세 줄 정도인데 굉장히 깊은 고민 끝에 그 세 줄이 탄생한다. 사용 단어도 고객으로 했다가 영어로 'customer'로 했다가 계속 바꿔보는 식이다. 단어 하나도 가장 적합한 단어가 무엇일지 계속 생각하는 집요함이랄까. 그가 가장 중요하게 생각하는 것은 컨셉을 만들 때 제일 마지막까지 가도 해답이 없을 때 쓰는 것이 디자인 컨셉이다. 쉽게 말해 디자인을 확 바꿔서 제품이 달라진 것처럼 보이게 한다는 것이다. 이처럼 탁월한 기획자는 항상 디테일에 집착한다.

디자인 컨셉트는 가장 마지막이다.

기획에 있어 원래는 디자인이 바뀌었을 때 바뀐 디자인이 고객에게 주는 편의성이 무엇인지 먼저 나와야 하는데 그것조차도 없을 때 디자인 컨셉이 맨 마지막에 무기로 나온다는 것이다. 그런데 이러한 무기에 해당하는 디자인 컨셉이 먼저 나오면 제품에 대한 고민이 부족하다는 게 그의 생각이었다.

나는 그 당시까지만 해도 왜 기술에 인문학을 운운하는 지 알 수 없었다. 기술은 기술적 관점으로 접근해야 하고, 인문학은 그와 별개라고 생각했던 내 생각을 완전히 깨부순 일화가 있다.
 한 번은 이런 일이 있었다. 어떤 회의에서 내가 기술자의 관점에서 봤을 때, 컨셉이 기술적으로 구현이 안될 것 같다고 말했다. 그랬더니 갑자기 J부장의 눈빛이 달라지면서 나를 강하게 질책하는 것 아닌가.

"아직도 개발자의 눈으로만 제품을 보면 어떻게 새로운 기술을 만들어 내겠어? 그러면 네가 삼류들과 경쟁해야지 어떻게 일류 기획자가 되겠냐?"

또한 그는 제품도 철학을 가지고 있어야 하고, 공학적인 것 보다 인문학적인 관점에서의 철학을 강조했다.

그리고 그는 내가 인문학적인 생각을 할 수 있도록 트레이닝 과정으로 책을 읽고 리포트를 쓰라고 할 정도였다. 처음에 나는 그게 기분 나빴다. '내가 박사 과정까지 밟고 왔는데 책이나 읽고 리포트까지 써야 돼?'라는 생각이 든 것이다.

하지만 그는 나를 괴롭히기 위해서 그런 게 아니었다. 그의 생각을 완전히 흡수하려면 내가 먼저 낮아져야 했다. 나는 스스로를 한 번 더 비우고 멘토의 생각을 흡수하기로 했다.

괴짜 스승의 철학

그가 강조하기를, 제품에는 스토리가 있어야 하고, 그 스토리를 컨셉으로 풀어나가려면 인문학적인 요소가 반드시 필요하다는 거였다. 지금 생각해보면 100% 맞는 말이다. 하나의 컨셉이 나오면 구성된 단어가 주는 어감이 아 다르고 어 다른 것처럼 같은 의미를 지닌 단어라도 달리 표현될 수 있다는 것도 배웠다. 광고 카피라이터가 쓰는 단어들처럼 말이다. "당신", "너"가 단어의 느낌이 다르고 "인간", "사람"도 받아들여지는 느낌이 다른 것처럼 말이다.

그로부터 배운 것은 기획자로서 컨셉을 만들 때 많은 고민과 철학을 담아야 한다는 것이며, 제품 컨셉을 만들때 개발적인 한계를 두고 만들어가는 과정이 아닌 본질적 가치를 들여다봐야 한다는 거였다.

또한 훌륭한 기획자라면 많은 고민을 통해 철학 그리고 스토리도 담아내야 한다. 그리고 그 컨셉에 자신 스스로가 설득되지 않는다면, 다른 사람 또한 설득하지 못한다. J부장은 "기획자는 자신의 기획하는 제품에 대한 확신을 가지고 이해관계자들을 설득시키며 같이 함께 만들어 간다"고 강조했다. 또한 같이 일하는 전우(이해관계자들)에게 정보를 숨긴다면 서로에 대한 불신만 생길 뿐이며, 서로 믿고 함께 간다는 생각으로 프로젝트를 진행했다.

이쯤에서 어떤 독자들은 이렇게 생각할 수 있다.

"J부장 정도면 또라이 아냐?"

물론 나도 처음엔 그렇게 생각했다. 개발자라면 절대 이해가 되지 않는 대목도 많았다.

하지만 개발자로서는 이해할 수 없는, 개발자는 1+1=2라는 과학적 사실에만 훈련되어 있다 보니 1+1=3 그리고 0이 될수도 있다는 상상을 해보지 않았다. 솔직히 내년에 나오는 제품이 성공한다고 누가 자신할 수 있나? 신이 아니고서는 말이다. 하지만, 기획자는 성공을 자신 아니 확신해야 한다. 그는 이러한 논리로 사람들을 설득할 수 있다는 것을 보여주었다.

그런 능력 덕분인지 J 부장은 '독고다이' 스타일임에도 불구하고 능력은 인정받았다. 그래서 어디든 발표를 가더라도 자기의 스토리 라인이 무너지는 경우가 없었다.

완벽한 논리를 갖춘 기획자

그 당시 J부장과 있었던 숱한 일화 중에서 그의 퍼포먼스에 '엄지척'을 했던 일화가 하나 있다. 당시는 커브드 스마트폰을 기획하고 있었는데, 우리가 사용하는 사각형 스마트폰과 달리 OLED로 만들면 구부러지는 특징이 있어 시도되는 제품 디자인이었다.

이때 기획자는 왜 스마트폰 모서리가 커브드가 되어야 하는지에 대한 스토리를 잡아야 하고, 이에 대한 가치를 만들어서 발표를 해야 한다. 그는 스토리를 만들기 전에 스마트폰이 왜 커브드여야 하는지 기술적인 리서치 작업부터 시작했다. 사실 이 작업은 이미 결정된 기술과 제품을 가지고 어떻게 사람들을 설득할 것인가 하는 문제이다.

그 과정에서 나는 사람에게 가장 몰입감이 좋은 시야각, 곡선 라인 등을 찾아내는 작업을 옆에서 보게 됐다. 기술적 베이스와 인문학적 베이스 결합해서 탄탄한 스토리 라인을 만들어내는 것도 보았다.

그 모든 과정을 지켜보자 감탄이 저절로 나왔음은 물론이다.

두 번째 배움을 거치고 난 나는 드디어 내가 옮긴 팀의 특징을 파악하게 되었다. 그러면서 조금씩 껍질을 벗고 세상 밖으로 나오는 기획자의 모습으로 변모하게 되었다.

미션3. 자료를 완벽하게 갖춰라

두 번째 멘토를 거친 뒤, 나는 또 한 번 새로운 사수와 함께 일하게 되었다. 내 세 번째 멘토는 국가 연구기관에서 오랜 기간 근무하다 회사에 온 B부장이었다. 그는 회사에서 B2B 사업 팀장을 하다가 팀에 왔는데, 자신만의 생각이 확실한 캐릭터였다.

특히 자기의 자료에 대한 완벽성을 중시했다. 자신 스스로에게 완벽하지 않은 자료는 공유하지 않았다. 심지어 팀장에게도 마찬가지였다.

팀장도 처음에는 그의 스타일을 많이 답답해했다. 이런 스타일이다 보니까 동료도 보스도 함께 일하기가 힘든 타입이었다. 때로는 현재 진행되는 상황을 수시로 공유하며 같이 일하는 동료 또는 조직책임자의 머릿속에 마일스톤을 같이 그려나가기 어려운 타입일 수 있다.

하지만 B부장 역시 숨은 내공이 있는 고수였다. 그는 B2B 업무를 많이 해서 그런지 기술 전략 자료를 정말 잘 만들었다.

이 사람 자료의 특징은 기술적인 베이스의 전략 자료였다. 즉, **기술적으로 깊이 파고들어 가는 스타일**이었다. 기술적 베이스로 만든 자료니까 어떤 회의에서도 기술적인 발표 부분은 전혀 밀리지 않았다. 기획자가 기술에 대해 자세히 알기는 쉽지가 않다.

기획 부서에 온 사람들을 보면 J부장과 같이 물리학, 컴퓨터공학 등 이공계열 사람들이 있기는 하지만 경영학, 인문학 등의 인문계열 전공자들이 대부분이다. 내가 그에게 배운 것은 전략 자료를 만들 때 심도 있는 기술을 내가 공부하고 100% 소화가 된 상태에서 녹여내야 된다는 점이었다.

가장 좋은 운은 '인연'이다.

옛말에 하늘과 땅의 이치를 아는 것 다음으로 중요한 것은 사람과의 인연이라고 했다. 사람과의 인연이야말로 운을 좌우하는 핵심적인 요소다.

그런 의미에서 나는 사람 운이 좋았던 것 같다. 아무 연줄도 없는 나를 받아준 팀장과의 인연도 그렇지만 B부장 또한 아는 사람들도 많이 연결해주고 배울 수 있게 해줬다. 팀장조차도 공유해주지 않았던 자료도 나에게는 공유해주고 가르쳐 줬었다. 내가 기획자로 성공의 발판을 만들었던 건 이러한 사람 간의 만남에서 비롯한 것도 있다.

여기서 잠깐 B부장의 성격에 대해 말해보고자 한다. 그는 사실 팀 내에서도 마음을 잘 안 열기로 유명한 사람이었다. 나는 그에게 기획을 배우려면 먼저 그의 마음을 사는 것이 중요하다고 판단했고 B부장의 스타일을 파악하고 그에 맞는 공략법을 선택했다.

그것이 바로 사람과의 운을 만드는 나만의 기획이다. 그것은 상대방과 함께 가고 싶으면 내가 상대에게 100% 맞춰주는 것이다.

기획의 신이 말하는 실전 기획의 노하우

언어적 순발력을 길러라

나가서 사람들을 만나고 사람들을 통해서 정보를 얻고 새로운 인사이트를 발굴하는 게 기획자다. 사람들마다 생각이 다르니까 기획자는 만남으로 배우고 대화를 통해 새로운 아이디어와 정보를 얻을 수 있어야 한다. 그리고 다양한 사람들과의 관계를 통해서 내가 어렵거나 필요할 때 부탁할 수 있어야 한다.

나에게 기획을 가르쳐준 선배들은 일일이 언급할 수 없을 정도로 많다. 그런데 내가 본 그들의 진정한 모습 중 하나는 바로 탁월한 언변과 외부 업체와의 네크워크이다. 유태인들한테 장사할 수 있는 실력이면 이건 전세계 어디에 내놔도 성공한다는 말처럼 말이 있다. 유대인들과 회의를 할때 농담으로 회의를 시작 했다가 할말 다하고 농담으로 회의를 마무리 한다고 한다. 잡다한 지식을 자신만으로 체화하여 얘기할 줄 안다.

즉, 훌륭한 기획자들은 모두 언어적 순발력이 뛰어나다. 언어적 순발력을 갖추고 발로 뛴 사람의 결과는 항상 좋을 수밖에 없다.

운을 만드는 것조차 기획이다

당시 팀 내 서열을 보자면 팀장이 있고, 그 다음에 B부장이 있고, 그 밑에 내가 있는 구조였다.

그런데 B부장과 일을 하면서 내가 팀장 라인처럼 보이면 어떨까? B부장 입장에서는 기분이 안 좋을 것이다. 그래서 B부장과 함께 일을 할 때에는 철저하게 B 부장의 사람이 되기로 마음먹었다.
팀장보다도 이 사람 편에 서서 공감해 주면서 일을 했고 B부장이 시키는 일을 할 때도 B부장에게만 보고하고 공유했다.

팀장을 포함한 외부에는 절대로 공유하지 않는 완벽성을 추구하는 그의 스타일에 맞췄던 것이다. 사람은 시간이 흐르고 겪어봐야 알게 되듯, 그 또한 어느 순간부터 나에게 호감을 느끼고 마음을 열기 시작했던 것이다.
업무의 결을 맞췄던 것이 신뢰를 얻게 된 계기였던 것이다.

네 번째 미션, 네트워크의 귀재가 되어라

배움의 세계는 깊고, 깊었다. 하지만 나는 마치 걸음마를 떼고 달리기를 배우듯, 한 걸음씩 앞으로 나아갔다. 그리고 6개월 뒤, 나는 또 다른 스승인 H부장과 일을 하게 됐다.

네 번째 미션이었다. 이 사람은 앞의 두 멘토보다 훨씬 더 유쾌한 캐릭터였다. 농담처럼 자신의 입으로 '나는 내 새끼 안 키운다'고 말하고 다닐 정도였으니 말이다.

기획의 시크릿 7. 나를 내려놓고 상대방에게 100% 맞춰준다.

기획 초보자일 때 나는 이렇게 생각했다. 나는 기획의 초짜이고 이쪽 사람들도 모르니까 일단 나를 내려놓자. 팀 사람들이 독특하긴 하지만 개개인 모두 기획자로서의 경력이 10년 이상된 베타랑이다보니 그들의 능력을 존중하고 겸손한 자세로 그들을 흡수하자는 생각이었다. 창피함은 내가 성장하기 위한 과정이라 생각하니 생각이 동화되고 마음도 열리기 시작했다.

누군가의 인맥을 흡수하라

처음엔 그와 같이 있어 보니까 이 사람은 모든 걸 귀찮아했다. 한 마디로 '귀차니즘'의 끝판왕이었다. 그런데 머리는 굉장히 똑똑해서 그와 얘기를 나누면 그에 대한 인사이트를 얻거나 굉장히 경험이 많은 노하우를 배울 수가 있었다.

처음에는 나 역시 모든 일을 귀찮아하는 그를 보고 내심 이렇게 생각했다.

'경력만 많아서 자리만 차지하고 있는 사람도 있군.'

그런데 팀원들이 수시로 H 부장에게 와서 자꾸 뭘 물어보는 게 아닌가. 옆에서 가만히 들어보니까 괜찮은 기업이 있느냐, 이런 솔루션은 어느 기업이 보유하고 있느냐 등 필요한 질문을 계속했다. 그러면 H부장이 그에 맞는 정보를 제공해 주고 있었고 말이다.

이 기업은 왜 좋은지, 이런 기술은 어떤 서비스에 적용될 수 있는지 등등 일목요연하게 설명을 곁들여서 자신의 인사이트까지 담아 정보를 제공해주는 모습이 놀라웠다. 나중에 알고 보니 이 사람은 경쟁력 있는 기업들, 스타트업들, 유망한 중소업체들에 대한 정보력과 인사이트가 대단했다.

이전부터 대외 커뮤니케이션과 현장 실무를 많이 해왔던 분이었던 것이다.
그는 특히 업체들과의 인맥을 많이 보유하고 있었다.

북미, 유럽 등 글로벌 거점들에서 기술을 발굴해 주는 조직이 있는데 H부장은 그 조직과의 관계가 돈독했다. 팀 내에서 H부장은 그런 새로운 기술들을 사람들에게 소개해주고 토론하는 일을 하는 사람이었다.

사람들이 새로운 제품을 제작하려고 할 때 차별화된 기술을 찾게 되는데 그럴 때 남들이 구축하기 어려운 네트워크를 갖고 있는 그를 찾게 되는 것이다. 멤버들 간 신기술 관련 상호 가교 역할을 한다고 할까.

특히 그는 현장 스타일이었다. 전화를 받고 필요하다고 생각되면, 바로 자리를 박차고 나가 현장으로 갔다. 그리고 글로벌 네트워크를 기반으로 한 기술들을 가지고 뭔가 새롭게 만들어보려는 사람들을 지원하거나 돕는 역할을 했다.

처음에 비춰졌던 게으름 많은 부장으로만 비춰졌던 부분이 오해로 밝혀지는 순간 내 자신이 부끄러웠다. 그리고 다시 한 번 겸손한 자세로 그에게 정말 배우고 싶었다.

내 새끼는 안 키운다고 말할 정도의 사람에게 꼭 필요한 사람이 되는 방법은 뭘까. 그가 필요로 하는 것은 무엇일까 생각해보다가 나온 결론이 이 사람의 '귀차니즘'을 해결해주자, 였다.

그는 팀장이 일을 시키면 아우라가 나올 정도로 짧은 시간에 완벽한 자료를 만들어 제출하는 사람인데 그 이외의 단계들은 모두 귀찮아했다. 이 사람은 회사에서 돌아가는 프로세스를 처리하는 것이 너무 귀찮았던 것이다. 그래서 이 사람은 대외 네트워크만 전념하고, 나는 회사 내의 프로세스를 깔끔하게 처리해주면, 나는 그와 최대한 가까워질 수 있다고 생각했다.

한마디로 이런 것이다. 쓰레기를 누가 계속 버려주면 그게 습관화되고, 버려주는 사람이 기특해 보이는 것처럼 나 역시 H 부장에게 그런 존재가 되어 갔다.

그러던 어느 날 H 부장이 넌지시 내게 말했다. "내가 새끼를 키우지 않는데, 너는 좀 다르다"는 거였다. 그러더니 나에게 자기가 가지고 있는 네트워크를 소개하기 시작했다.

기획의 시크릿 8. 사람과의 연결에서 오는 정보를 소중히 한다.

기획 초기 때는 데스크 리서치로 일하는 관점을 배웠다면, 이후부터는 일은 나 혼자 하는 게 아니라, 사람들과의 연결을 통해서 얻는 정보력이 중요하다는 것을 배우게 된다. 나 역시 기획자로서 정보원들과의 릴레이션십을 점차 키워나갔다. 그리고 이 과정에서 사람들로부터 받은 정보를 가지고 트렌드를 읽게 되었다. 기술 트렌드를 어느 정도 알게 되면서 다음에 어떤 제품이 나올지, 어떤 기술을 조합했을 때 새로운 제품으로 탄생할 수 있을지 볼 수 있는 눈을 갖게 되었다.

기획의 신이 말하는 업무 코칭

협력업체가 필요로 하는 것을 제공하라

기획자가 일하기 위해서는 외부 협력업체의 도움이 반드시 필요하기 때문에 그들에게 필요한 정보를 얻기 위해서는 반드시 '당근'이 있어야 한다.

협력업체들은 대부분 생존이 불안정한 스타트업인 경우가 많기 때문에 대기업과의 협업을 필요로 한다. 만약 그들이 대기업 기획자가 설계한 기획에 참여하거나 도움을 준다면, 그 전제 조건은 그들에게 필요한 자금과 기회를 대기업 기획자가 끌어와줄 것이라는 믿음 때문일 것이다.

이 때문에 대기업 기획자는 이를 때론 무기로 그들을 활용해야 하는데 기획의 신들은 그런 면에서는 외부 협력업체들이 알아서 정보를 가져다줄 정도로 외부 업체 간 협력 관계에서 있어서 탁월했다.

심지어 협력업체 사람들은 어떤 당근이 필요하다고 먼저 말하는 경우가 없다. 어쩌면 당연하다. 협력업체 파트너는 대부분 대표이사가 회의 자리에 나오게 되는데 대기업의 경우는 기획팀이 있고 실제적으로 상품 기획을 하는 전문 인력 들이다. 하지만, 중소 기업의 기획팀의 경우는 대체로 운영 업무를 하던가 아님 제안서 작성 또는 영업까지 담당하는 경우가 많다. 중소 업체의 경우 먼저 전문성 있는 기획자를 영입할 자금이 안된다.

설사 영입 하더라도 미래를 위해 투자가 기획팀인데 그렇게 활용할만한 당장의 회사의 인력적 여유가 없다. 당장 프로젝트 성공을 위해 부족한 부서 어디든 투입해야 한다. 하지만 대기업은 전문성을 갖춘 기획자가 있지 않은가? 중소 업체 대표이사가 보기엔 굉장히 매력적인 사람일 것이다. 하지만 대기업 기획자라 하더라도 외부업체를 만나고 끝나는 경우가 많다. 대체로 내가 아는 90% 이상의 기획자들이 그럴 것이다.

하지만 나를 만나주는 중소 업체의 대표이사들은 이번 기회에 대기업과 같이 일해볼 수 있는 시장 기회를 잡아보려는 것일 것이다. 신사업에 있어서는 그 기회를 어떻게 만들어야 하는지 그 회의자리에 참석한 사람 아무도 모른다. 아무리 아이디어를 짜내도 원하는 답을 내어주지 않을 것이다. 그 답은 기획자가 줘야만 한다. 나 혼자의 맨먼스로 100명의 맨먼스 효과를 내고 싶은가? 그래서 프로젝트를 성공적으로 이끌고 싶은가?

그럼 파트너들에게 어떤 당근을 줄지에 대해 먼저 생각하고 현실화 시킬 수 있는 방법부터 생각해라. 내가 당근을 줄 수 있다는 희망과 그것을 실현시킬 수 있는 기획자라면 당신의 맨먼스는 100이 될 것이다. 그럴려면 먼저 외부 업체와 미팅 전에 철저히 상대 업체를 조사하고 공부해서 가라. 그리고 업체와 미팅하며 내가 업체를 만나기 전 그렸던 밑그림을 구체화 하고 완성하여 프로젝트의 성공을 위한 그림판을 완성해 줄 것이다.

즉, 대기업 기획자는 지식과 경험, 감각을 갖춘 팔방미인이어야만 한다. 회의중 상대의 감정, 그리고 언어에 섞에 있는 과장성과, 전문성, 약점을 잘 파악하는 직관도 갖추어야 함은 물론이고, 이것은 많은 미팅을 통해 상대를 관찰하는 집중력으로부터 쌓여가는 경험과 노하우이다

STEP 5

뼛속까지 리뉴얼 하라

물론 기획자로서 항상 동지만 있었던 건 아니다. 적도 있었다. 적은 내부의 적이 제일 무섭듯, 회사에서도 내부 경쟁 관계에 있는 사람이 가장 경계해야 한다. 기획자들 사이에서의 위계관계의 변화나 혹은 승진, 갈등도 있을 수 있고, 또는 협업 시에 마찰과 갈등의 에피소드도 많았다. 그러나 나는 적이 나타날 때 이렇게 생각했다. '아, 내가 또 한 번 새로워져야 하는 시기구나.' 그리고 그 위기를 정면으로 받아들였고, 이내 성장의 파도를 탈 수 있었다.

적 혹은 라이벌은 결코 남이 아니다. 오히려 성장할 수 있는 기회다. 나는 누군가 극렬히 나를 대항하면, 속으로 '저 사람이 나의 스승이구나' 한다. 그를 대하면서 내 굳은 자아를 부수고, 새로운 사람으로 거듭날 수 있기 때문이다.

한 번은 내 기획자 인생의 가장 큰 적이 나타난 적이 있다. 타 부서의 과장이 기획 부서의 과장 직급으로 온 L과장이 그랬다. 나처럼 개발 부서 부서에서 옮겨온 그는 질투심이 매우 강했다.
나를 총애하는 사람이 늘어나면 늘어날수록 나를 견제했다.

일의 성과도 좋지 않은 상태에서 L과장은 다른 상사들에게 나를 너무 총애하는 것 아니냐는 말을 하고 다녔다. 그러나 말에 그쳤을 뿐, 그는 상사의 총애를 받으려는 어떤 노력도 하지 않았고, 부서를 옮겨온 부적응 상태를 유지했다. 하지만 내가 했던 보이지 않는 노력을 그는 간과했다.

하지만 나는 노력했다.

나는 선임들과 친해질 수 있다면 밤낮 가리지 않았다. 일적으로 원하는 것은 최대한 맞춰 주려고 노력했다. 이들과 같이 술자리를 가지며, 일적인 동료를 떠나 사석에서까지 친밀감을 형성하려고도 노력했다. 저자는 담배를 피우지 않지만, 담배 피울 때 또한 따라다녔다.

또 귀찮은 일처리 또한 웬만하면 다 해줬다. 그래서 선임들이 나를 신뢰 했던 것이다. 이런 노력 없이 나는 살아남을 수 없다고 생각했기에.

내가 무언가를 얻고자 한다면 그리고 배우고자 한다면, 일적인 관계형성도 중요하지만 사석에서도 친해지는 것을 추천한다. 모든 일의 시작과 끝은 사람이기 때문이다. 그러려면 먼저 사람과 먼저 친해져야 하는 것이다. 그들의 노하우를 정말로 배우고 싶은가? 공짜로 받을 생각은 하지 말았으면 좋겠다.

기획의 시크릿 9. 기획을 배우고 싶다면 사적으로도 친해져라

담배를 피우지 않지만 사수들이 흡연할 때 따라간 이유, 술 마시는 걸 즐기지 않음에도 술자리를 끝까지 지킨 이유는 사수들과 사적으로도 친밀해지고 싶었기 때문이다. 나는 공뿐만 아니라 사적인 영역에서도 사수들을 믿고 따랐다. 결코 공적인 일에서만 친해지려 하지 않았다. 그랬기 때문에 사수들도 그런 나를 믿고 신뢰해주었다. 성장하고 싶다면 공사를 구분하지 말고 사수들과 친해져라.

2장

나는 어떻게 인정받는
기획자가 되었나

STEP 6

오케스트라 지휘자가 되는 법

기획자는 개발자가 개발을 하고, 디자이너가 디자인만 하듯 자신의 기획만 하는 업무가 아니다. 기획자가 기획을 한다고 해서 책상 앞에서 컴퓨터를 보면서 서류 작업을 하고 있으면 그 기획자는 이미 실패한 사람일 수 있다. 더욱이 신사업 기획일수록 기획서만 만드는 게 기획자의 일은 더더욱 아니다.

기획자는 오케스트라다

내가 생각하는 기획자는 오케스트라를 지휘하는 지휘자에 가깝다.

지휘자는 바이올린과 피아노, 첼로와 오보에 등을 모두 관찰한다. 그리고 그 모든 것이 조화를 이루도록 중간 역할을 한다. 지휘자가 지휘를 잘못하면 뛰어난 연주자들이 모였다고 하더라도 연주가 실패할 수 있는 것처럼, 사업 기획 역시 기획자의 지휘가 실패하면 일이 수포로 돌아간다.

예를 들어서 스마트폰의 배터리를 생각해보자. 불과 몇 년 전만 하더라도 스마트폰 배터리는 탈착형이어서 배터리를 따로 분리해서 충전을 해야만 했었다. 그런데 지금은 어떤가? 거의 대부분의 스마트폰이 배터리가 스마트폰 안으로 들어갔다. 지금은 스마트폰으로 곧장 충전하는 임베디드 방식으로 변했다. 이 변화를 소비자 입장에서는 단순히 배터리를 분리 하지 않게 되니 디자인이 더 슬립해지고 예뻐졌네? 정도로만 생각할 수 있지만 기획자의 엄청난 노력이 숨어 있는 결과 이다.

1mm의 싸움

기획자의 입장에서 스마트폰 배터리가 탈착형에서 임베디드 방식으로 바뀌었다는 것은 이렇다. 우선 배터리 디자인에 변화가 생긴 것이고, 그에 따른 하드웨어, 기구, 소프트웨어 설계가 달라지는 개념이며, 제작 단계에선 공장의 제조부터 품질 프로세스까지 바꿔야 하는 정도의 큰 투자와 변경이 필요한 것이다.

배터리처럼 스마트폰의 어느 한 구성 요소가 바뀐다고 하면 기획자는 1mm의 싸움을 시작한다. 예를 들어서 배터리를 디자인하는 디자이너와 함께 두께 디자인을 얼마나 줄일 수 있는지 끝없이 조율한다. 기획자가 끼어들지 않는다면, 디자이너나 개발자는 자기가 일하기 편한 방식대로 일을 실행한다. 실무 관점에서 더 나은 결과물을 내려고하기보다는 기존에 했던 방식을 그대로 유지할 가능성이 더 높은 것이다.

그래서 이 단계에서 기획자는 디자이너가 되어 디자인을 최적화하기 위해 매일 디자이너와 소통하게 된다. 만약 기획자가 자신이 만든 기획안을 디자이너에게 넘겨주고, 결과물을 단지 기다리기만 한다면?

그 기획은 실패한 결과물이 되고 마는 것이다.

보고서만 잘 쓴 기획자는 가짜다

사람들은 기획이 단순히 자료를 잘 구조화 하여 아이디어를 논리적으로 주장하면 끝이라고 생각한다. 물론 중요하지 않다는건 아니다. 하지만 실제 기획은 아이디어 발상부터 실행 설계, 실제 제품이 출시되어 고객 피드백을 얻고, 이를 다음 기획에 반영하기까지의 과정이 끊임없이 반복된다. 대개의 신사업 기획은 선례가 없고 따라서 기존의 시스템을 모두 바꾸어야 하는 지난한 과정을 거쳐서 완성된다.

기획자는 마치 탐험가 같다. 탐험가는 세계 곳곳을 탐험하며 미지의 영역을 찾아 나선다. 한 번 탐험해본 지역이지만 다음 번 다시 탐험했을 때는 날씨며 주변 여건이 다르기 때문에 탐험가는 마치 처음 탐험을 하듯, 이 지역을 또 다시 찾아가게 된다.

신사업 기획자도 별반 다를 게 없다. 만약 디지털 헬스케어 산업이 각광을 받고 있다고 하자. 그러면 엔터테인먼트를 하던 사업체이든, 전통 메디컬 사업을 하는 사업체이든 기존 사업 영역과 무관하게 이 사업에 진입하기 위해 기획을 시작한다. 이때 사업에 진입하기 전 기획자 스스로에게 던지게 되는 질문은 다양하지만, 대표적으로는 다음과 같은 질문이 있을 수 있다.

> 1. 이 사업에 진출하기 위한 핵심 가치와 요소는 무엇인가.
> 2. 우리는 이 사업에 왜 진출해야하며, 무엇을 잘 할 수 있는가.
> 3. 이 사업에 진출한다면 어떻게 파트너 생태계를 구축하고 시장에 진입해야하는가.
> 4. 수익은 얼마나 창출 할 수 있을까? 조단위 사업이 가능한가?

이러한 질문들에 대한 답을 찾는 것이 바로 기획자가 하는 일이다. 이 질문에 대한 답을 찾아 나가는 과정이 바로 신사업 기획의 시작이다.

예를 들어 디지털 헬스케어 신사업에 진출하는 기획안을 만든다고 생각해보자. 단순히 헬스케어라고 하면 병원과 의원과 관련된 비즈니스이다, 라고 생각할 수 있지만, 세부적으로 살펴보면 여기에도 헬스케어 분야에는 예방이 있고, 진단/처방의 영역이 있으며 사후관리의 측면도 있다. 분과로 나눠보면 내과 쪽에 초점을 맞출 수도 있고, 외과 쪽에서 정형외과에 초점을 맞출 수도 있다.

그럼 성공하는 기획은 어디에서 만들어질까? 될 만한 사업을 검증하는 절대적 조건이라는 것이 있을까? 내가 내린 결론은 '답이 전혀 없다'이다. 미리 검증된 사업이라는 것은 존재하지 않는다. 애초에 예측 가능한 삶이라는 게 없듯 검증 가능한 사업이라는 건 없는 것이다. 그렇다면 이 사업을 되게끔 만드는 핵심 요소는 무엇인가? 나는 그 비밀이 사람에 있다고 생각한다. 검증된 사업은 없지만 검증된 사람은 있다. 자신이 하는 기획에 영혼을 갈아넣을 수 있는 기획자라면 어떤 사업이든 되게끔 만들 수 있다.

그런 기획자라면 분명한 비전과 신념이 있을 것이고, 자신이 이곳이 될 만한 목표 지점이라고 깃발을 꽂고 사람들을 불러 모을 수가 있다.

> **기획의 시크릿 10. 성공하는 기획에는 반드시 핵심 멤버가 있다**

대기업의 신사업 조직에 반드시 존재하는 사람이 있다. 바로 '스타 기획자'이다. 기획 업무는 디자인, 자본, 매니징 등 다방면의 업무가 협업 및 조율되어서 진행되는 종합 예술이라고 봐도 과언은 아니다. 이 때문에 이 모든 업무를 중간에서 조율해주는 사람의 역할이 매우 중요하다.

그런데 이 조율해주는 사람은 단순한 '매니저'가 아니라 거의 '영웅'급인 경우가 많다. 앞서도 언급했듯 기획자는 예언가와 같기 때문에 어떤 프로젝트의 성패를 100% 확신하는 것은 불가능하다. 사업 아이템이 확실하다고 하더라도 주변 경제 상황에 따라서도 사업 성공률은 얼마든지 달라질 수 있다.

프로젝트 투자금으로 예산 1억을 확보했다고 가정했을 때, 이 돈을 A라는 기업에 투자하는지, 혹은 B라는 업종에 투자하는지에 따라서 성패는 달라진다. 같은 기획안으로 같은 업종에 속한 기업들인데도 말이다. 이 때문에 이런 세부를 들여다보고 기획을 성사시킬 수 있는 능력을 가진 기획자의 역량이 성공의 8할을 좌우한다고 볼 수 있다.

신사업 기획의 핵심

개발이나 디자인, 재무 등의 업무는 하는 일이 명확하다. 누구에게 직업을 소개해도 사람들이 금방 이해한다. 저는 기구 개발자입니다. 저는 회사에서 제품 디자인을 합니다. 저는 재무 분석을 합니다.
반면에 기획 업무는 추상적이고 모호한 구석이 있다. 특히 대기업의 신사업 기획이라면 TF 조직처럼 단기간에 결성되고 해체되는, 뭔가 일회성 프로젝트를 진행하는 사람처럼 느껴질 수 있다.

예전에 모 대기업의 '비서실'이 언론에 회자되었던 적이 있는데, 회장 옆에서 경영 전략을 짜고 굵직한 사업 분야를 조율하는 곳으로 유명했다. 이때의 비서실이라는 게 우리가 흔히 아는 업무를 보조하는 역할로서의 비서팀이라기보다는, 이 책에서 내가 말하는 '기획자'의 업무에 더 가깝다고 볼 수 있다.

대기업에서 기획자는 매우 중요한 역할을 한다. 시시때때로 변하는 트렌드에 맞춰서 그룹의 새로운 먹을거리를 찾아내고, 확장시켜야 하는 역할이기 때문이다. 세상이 빠르게 돌아가는 만큼 기획자 역시 한 발 빠르게 이런 흐름을 읽고 회사의 새로운 사업 분야로 만들어내야 하는 만큼, 정보에 민감하고 항상 시대의 흐름을 읽고 있어야 한다.

사업을 예측한다는 것은 어려운 일인데 더욱이 대기업에서 진출하면 성공할 사업을 미리 내다본다는 것은 일종의 '예언' 같은 측면도 있다. 예언이 맞으면 그 예언가는 큰 신뢰를 얻지만, 예언이 틀리면 그의 평판은 한 순간에 추락하듯, 기획자 역시 자신의 기획이 사업화되어 세상에 드러나면 그의 실력과 명성은 높아지는 반면, 기획의 결과가 실패하면 그의 능력은 밑천까지 털린다고 해도 과언이 아니다.

내가 속했던 기획 부서는 모 대기업 안에서도 꽤 중요한 업무를 맡는 부서였다. 그룹의 계열사별로 해당 사업을 기획하는 신사업 기획부서가 있게 마련인데 내가 속했던 부서는 주로 전자제품 쪽을 다루었다.

각 계열사를 주관하는 본사에서도 신사업 부서가 따로 있을 만큼, 신사업이라는 파트너는 대기업이 주요 업무를 관할하는 매우 중요한 업무라고 보면 된다. 특히나 전사적인 시너지를 만들어내는 것이 핵심이다.

기획의 성공, 누구에게 달렸을까?

스마트폰 디자인의 경우 새로운 제품이 기획되면 그에 따라 디자인 구성도 달라진다. 그런데 패널 부분에 원형 디자인을 새롭게 시도해본다고 하면, 이 디자인의 실제 사업화는 누구의 손에 달린 것일까?

사업 기획을 쉽게 생각해보면 단지 오너의 선택이라고 단순하게 생각할 수 있다. 그러나 최종 결정은 오너가 하지만 이 결정을 이끌어내는 사람은 바로 이 디자인을 기획한 기획자이다. 즉, 어떤 기획자의 기획이냐에 따라서 원형 디자인은 납득이 되기도 하고, 납득되지 않기도 한다.

즉, 정답이 없는 문제에 답을 설득하는 사람이 바로 기획자인 것이다. 디자인에 대한 취향은 사람마다 다르다. 어떤 사람은 직각 디자인을, 어떤 사람은 원형 디자인을 선호한다. 어떤 사람은 디자인은 중요하지 않고 디스플레이의 해상도를 중요하게 생각할 수 있다.

그럼 이 중에서 어떤 의견을 제품 디자인에 반영해야 할까? 이렇듯 어떤 생각에 가치를 부여해서 다수를 설득하고, 나아가 오너의 의사결정을 이끌어낼 수 있느냐, 가 바로 기획자를 실력을 가늠할 수 있는 대목인 것이다.

스마트폰 신사업을 기획한 사람이 디자인보다는 디스플레이 해상도가 더 중요하다고 판단한다면 이 사업의 방향은 완전히 달라지게 된다. 따라서 기획자는 자신이 보는 기획의 관점을 정확히 판단하고, 이에 대한 승인을 이끌어내는 역할을 맡는다고 보면 된다.

그럼 기획자의 취향이 곧 사업의 성패가 될 수도 있을까? 물론이다. 스티브 잡스의 아이폰이 잡스의 취향이 반영된 결과물이듯 말이다.

기획자는 이처럼 자신의 가치 판단에 따라서 어느 쪽으로 선택과 집중을 해야 할지 매 순간 판단해야 한다. 특히 신사업 기획의 경우 복잡다단하게 얽혀있는 비즈니스 구조의 핵심을 파악해서 투자 결정을 이끌어내야 하기 때문에 일반 기획자보다 훨씬 더 고민의 폭이 넓다고 할 수 있겠다.

기획의 신이 말하는 실전 기획의 노하우

좋은 협력서를 구성하는 자질을 키워라

이때 관련 기술을 보유한 기업 후보군이 A, B, C가 있다고 하자. 이 각각의 기업은 전기 충전 인프라 사업의 핵심 요소를 모두 보유하고 있다. 그런데 저마다 가지고 있는 장점은 다르다. 이 경우 대기업 기획자는 '트레이드 오프'라는 개념으로 이 기업들을 접근한다. 즉, 개별 기업의 어떤 점을 사업 강화의 포인트로 이끌어낼 수 있느냐의 문제인 것이다.

1억을 투자한다고 가정했을 때 현재 해당 기술 분야에서 이미 선두를 달리는 A에 투자할 것인지, 아니면 성장 가도를 달리는 B에게 투자할지에 대한 판단이 바로 그것이다. 또한 여기에는 이 사업에 참여하는 구성원들이 누구냐에 따라서 결과는 달라질 수 있다. 스마트폰 하나만 놓고 보더라도 배터리, 안테나, 기구, 소재 등 그 구성 요소를 담당하는 기업들이 수십 개에 달하고 이들 분야에 관련된 기업들의 수는 더욱 많다.

이처럼 다양한 기업들 중 우리 기업에 꼭 맞는 기업들만 함께하면 가장 좋겠지만 현실적으로는 득과 실이 있는 만큼 좋은 협력사를 구성하는 것은 기획자의 필수 자질인 셈이다.

STEP 7

설득의 기술을 배워라

기획은 여러 사람의 힘을 빌려서 과업을 완수하는 일이다. 그렇기 때문에 나 외에 다른 사람을 얼마나 잘 활용하는지가 중요하다. 나는 이것을 '외부 업체와 공생한다'고 표현한다. 요컨대 기획은 외부 업체와의 협업이 성패를 좌우한다. 이 과정에서 반드시 필요한 자질이 바로 설득력이다.

내 보스를 설득할 수 있는가

기획자는 눈에 보이지 않는 요소를 구현할 수 있다는 설득을 해야 하는 사람으로써 이 설득력을 높이려면 실제 이 기획을 실행할 수 있는 협력업체가 반드시 필요하다. 내 기획의 실현을 도와줄 사람이 회사 내부에도 존재하겠지만, 외부에도 반드시 있는데 이 그룹이 내 기획의 밑그림이 되어줄 핵심 자원이라고 볼 수 있는 셈이다.

나는 기획을 할 때 내가 소속된 회사의 장점을 토대로 협력업체들과 일했을 때 어떤 때에 가장 큰 성과가 나는지를 끊임없이 분석한다. 분석의 포인트는 기회요소, 강점 요소 등 다양한데, 결과적으로는 손익분기점을 넘길 수 있는 이유를 발견하고 이를 토대로 투자 의사 결정을 할 상위 결정권자를 설득하는 일이다.

여기서 끝이 아니다. 내 보스가 어떤 사람인지도 설득의 요소다. 좋은 기획안이 있어도 내 보스가 투자에 보수적 성향이라면, 내지는 기획의 관점이 나와 완전히 결이 다르다면 이 기획은 방향이 바뀔 수도 있다. 만약 내 기획이 보스의 성향이나 생각과 다르다고 해도, 반드시 성공할 수 있다는 자신감이 있다면 1차적으로는 보스를 설득해야 하는 과제도 포함하고 있다.

과거 경험으로 보기에 이 과정이 전체 기획에서 차지하는 비중이 약 20% 정도를 차지한다.

사실 좋은 기획은 어느 보스를 만나든, 그리고 누가 투자를 하든 반드시 시도되기 마련이다. 하지만 대기업이라는 거대한 생태계에서는 이러한 요소들이 모두 조율과 설득의 문제가 된다. 한 가지 기획이 기획 단계에서 검토를 거쳐 투자 결정의 단계까지 가기에는 지난한 여정이 필요하다. 기획자는 인내심을 갖고 자신이 기획한 내용이 옳다는 것을 확신할 수 있어야 한다.

나는 이 여정을 사막에서 오아시스를 만드는 과정에 비유한다. 사막에 오아시스가 필요하다는 건 누구나 알 수 있는 상식이다. 그러나 여기에 돈이 투자되어야 한다고 하면, 사막에 정말 오아시스를 만드는 게 옳은지 신중하게 검토할 것이다. 신사업 기획도 마찬가지다. 기획자는 사막에 오아시스를 건설할 때에는 수익구조가 나올 것인지, 시스템 규제는 없는지, 오아시스에 투자할 사람은 누구인지를 모두 따져보고 결정해야 한다.

이 모든 것들이 사업을 둘러싼 생태계를 만들어나가는 과정이다. 여기에서 중요한 것은 기획자가 자기를 거는 것이다. 자기의 노력과 열정, 시간과 돈을 건 프로젝트여야만 이 기획의 진정성이 드러난다.

사업 매니징의 기술

나는 원래 기획자가 아닌 소프트웨어 개발자였다. 기획안이 나와서 일정한 개별 요소를 투입하면 결과물이 산출되는, 예측 가능한 답이 존재하는 세계에서 오랫동안 일했다. 대기업으로 이직하기 전 중소기업에 있을 때는 한 개발 프로젝트에서 담당 개발자는 개발만 잘하면 승진하고, 실력을 인정받을 수 있었다.

그런데 대기업은 그런 구조가 전혀 아니었다. 내가 개발한 결과물이 전체 기획 과정에서 전혀 다른 모습으로 탈바꿈할 수도 있고, 내가 개발한 결과물 전체를 책임질 필요도 없었다. 그 각각의 업무 과정에 권한과 책임을 나눠갖는 사람들이 존재하고, 이들의 협업이 대기업이라는 조직을 돌아가게 만드는 핵심 요소였다.

여기서는 어떤 일이 돌아가도록 만드는 사람이 필요하고, 기획자는 이 과정에서 무척 중요한 역할을 한다.

이 일과 관련된 한 가지 에피소드가 있다. 2012년, 나는 핸드폰을 만드는 부서에서 개발을 담당하고 있었다.

스마트폰 개발에는 참 많은 요소들이 있다. 제품의 하드웨어, 소프트웨어, 안테나와 같은 부품 개발, 부품 소싱 업무, 부품 조달 업무, UX디자이너. 나는 스마트폰 하나에 이렇듯 수많은 전문 사원들이 포진돼 있을 줄은, 대기업 개발자로 입사하기 전에는 전혀 알지 못했다.

그래서 처음엔 놀라고 나중엔 신기했다. 그 많은 사공이 똑같이 노를 저어서 한 방향으로 가도록 하는 원동력이 무엇인지, 말이다.

물론 그들 각 부서에는 의사결정권자가 있지만 각자 소속된 부서가 다른데 한 대의 스마트폰이라는 결과물을 만들어내려면 중간에 이 모든 과업을 이끄는 매니저가 있어야 하지 않을까, 나는 그렇게 생각했던 것이다.

그리고, 당연히 이 모든 기획 과정에는 영웅 같은 중간 역할자들이 있다. 앞서 언급한 내 선임들이 바로 그런 이들이다. 우리가 자주 보는 마블의 영화 속에서 각각의 히어로들이 저마다의 캐릭터로 활약하는 것처럼, 내 이야기 속에 등장하는 영웅들도 각자의 방식으로 신사업 기획에서 스타가 되었다.

스마트폰이 스마트폰 상, 하단 끝까지 가득차 있는 디스플레이인데, 예전에는 스마트폰이 이렇게 꽉 찬 디스플레이가 아니었다. 액정 화면 부분은 스마트폰 테두리에서 일정한 간격으로 안쪽으로 들어와 있고 고객은 화면 영역과 스마트폰 테두리 영역을 구분해서 볼 수 있었다.

그런데 어느 순부터 Full 디스플레이로 스마트폰이 출시되었을까.

기술이 개발된 직후? 아니면 고객의 요청사항을 반영해서 그렇게 된 것일까? 물론 이 모든 것이 연관이 되어 있지만 정답은 '기획자가 그렇게 기획을 만들어냈기 때문'이다. 기획자가 기획을 하지 않았다면 풀 디스플레이 기술은 스마트폰에 적용되지 못했을 것이다.

대부분의 개발자는 정해진 영역 안에서 개발하고 완성도를 높이는데 여력이 없다. 즉, 기획자가 기획한 내용을 개발하는 것도 바쁘다. 그러면 고객의 필요성을 인지하고 이러한 제품을 기획하는 주체가 바로 기획자가 되어야 한다. 그런데 이 기획자라는 사람들은 참 애를 먹는 존재이다. 왜냐하면 아무도 시키지 않은 일을 혼자서 벌리고 다니기 때문이다.

> ## 기획 실전 노트 1. 전문가들을 서로 연결하라
>
> 어떤 제품이 나오기까지는 각 분야의 전문가들이 있다. 개발과 디자인, 마케팅과 구매 같은 영역 말이다. 하지만 이 각각의 전문성이 너무나도 고도화되어 있기 때문에 서로 간의 융합을 만들어내는 것이 어렵다. 아무리 뛰어난 멤버들로 구성되어 있다고 해도 말이다. 기획자는 이 중간 연결 고리를 만들어주는 마법사와 같다.
>
> 결국 기획의 최종 목표는 최고의 제품을 만들어 내는 것이고, 기획자는 그 중심에서 사람을 연결해주는 역할을 맡는다고 보면 된다. 기획자는 이런 발상의 전환을 의사결정권자를 설득할 수 있고, 결국 여러 부서의 개발, 디자인, 품질, 구매, 마케팅 등 이해관계자들과 협력하여 상품으로까지 만들어 낼 수 있어야하며, 그리고 그 모든 중심에서 이해 관계자들을 설득하는 사람이 바로 신사업 기획자다.

STEP 8

현장에서 통하는 기획의 비밀

몇 해 전 기획 분야의 인기 있는 책 한 권을 읽은 적이 있었다. 한 때 베스트셀러에 오르기도 했던 기획에 관한 그 책은, 기획에 오랫동안 몸 담은 내가 보기에는 너무나도 초보적인 내용을 담고 있을 뿐, 기획의 실제 세계에 대해서는 언급하지 않고 있었다.

"아, 기획은 그게 아닌데."

내가 이 책을 쓰게 된 동기이기도 하다. 진짜 기획의 세계에서 어떤 일이 벌어지는지 말해주고 싶었고, 그 중에서도 대기업에서는 사업 기획을 어떻게 하는지를 소개하고 싶었다.

나 역시 나만의 독특한 무기가 된 기획법이 있다. 수년 간 선배들을 통해, 경험을 통해 축적한 성공하는 기획법을 지금 소개하고자 한다.
기획의 방법에는 여러 가지가 있을 수 있겠지만 나는 그 시작은 '트렌드 파악'이라고 생각한다. 너무 단순한가? 그러나 단순한 이 한 가지 사실이 기획자의 실력을 좌우한다.

예를 들어 내 경우는 전공이 소프트웨어인데 IT기사를 볼 때면 가끔 배터리나 하드웨어 기술에 관한 단신인데도 거기에서 사업 구상을 하는 경우도 있다.

한 가지 예를 들어볼까. 오늘 전고체 배터리에 대한 기사가 뜨면 이 배터리 기술을 모르는 사람은 단지 기사만 읽고 그치겠지만, 나는 전고체 배터리가 무엇인지, 어떤 기술로 이뤄져 있으며 현재의 트렌드는 무엇인기 후속 스터디를 하게 되고 그 과정에서 장점과 단점을 파악하게 되고 이를 기반으로 새로운 융합 사업에 대한 아이디어가 떠오르게 되는 것이다.

그런 기사를 읽을 때는 어려운 단어, 전문 용어들이 나오기 때문에 생소하다. 영어 공부 할 때도 처음엔 모르는 단어 때문에 독해가 안 되는 것과 같다.

그렇지만 단어를 찾아보고 해석을 거듭해나가다보면 자연스럽게 내용이 해석되는 때가 있다. 그때부터 기획의 단계로 접어들 수 있다. 기사 내용에 나온 개념을 연결, 연결하다보면 새로운 기획과 사업 아이디어가 떠오른다. 최신 디자인 트렌드는 무엇인지, 하드웨어의 발전 추세는 무엇인지 등등에 관한 정보를 연결짓게 된다.

> **기획 실전 노트 2. 평소에 뉴스 기사를 끊임없이 스크랩하라**

나는 트렌드 파악은 곧 '트렌드를 축적해가는 것'이라고 생각한다. 트렌드는 어떻게 축적할까? 나는 아침에 눈을 뜨면 가장 먼저 하는 일이 있다. 그날 새벽에 보도된 기사들을 죽 훑어보는 것이다. 온라인으로 주요 4대 일간지는 물론이고 IT 전문지, 기타 나에게 필요한 정보를 주는 구독 서비스 등을 통해서 사회가 어떻게 흘러가는지를 파악한다. 이것이 시작이다.

이 작업은 아침에 잠깐 하고 끝나지 않고 매 순간 이뤄진다. 화장실에서 볼 일을 보는 10분, 밥을 먹고 소화를 시키는 시간 20분, 잠들기 전 방안에서 휴식을 취하는 15분 동안 나는 즐겨찾기 해둔 수많은 기획의 '소스'들을 축적해나간다. 이게 단순한 것 같나?

절대 그렇지 않다. 방법은 매우 단순해보이지만 실행이 어렵다. 매일 이같은 방법으로 트렌드를 파악하는 사람을, 나는 대기업 내부에서도 본 적이 없다. 매우 소수의 사람만 이렇게 하고 있다.

이게 왜 그렇게 중요한 걸까? 새로운 뉴스를 남들보다 한 발이라도 빨리 파악하는 것, 그 자체가 기획자의 재산이 되기 때문이다. 처음에는 이런 자료 습득이 어떤 도움이 되는지 알기 어렵다. 그러나 기사를 보다보면 눈에 보이지 않는 시대의 흐름을 읽게 되고 그러다보면 어느 순간 낯선 기사 한 줄에서 무언가 번뜩이는 아이디어가 찾아오는 때가 온다.

기획자가 뉴스를 보는 관점

자동차 배터리에 관한 기사를 읽으면 일반 기획자들은 아, 자동차가 많이 발전했군, 앞으로 자동차 기술은 어떻게 발전할까? 이런 식으로 생각한다. 그러나 대기업 기획자는 이렇게 생각하지 않는다.

대기업 기획자는 전기 자동차를 자동차가 아닌 IT의 관점으로 본다. 이제 자동차는 더 이상 조향 장치를 통해 움직이는 동력기관이 아니라 IT 기술로 움직이는 테크 산업이라고 봐야 한다.

요즘 이슈가 되고 있는 자율주행차를 예로 들어보자. 자동차가 사람을 인식하고 제동을 거는 것, 주행 시 운전자가 차선을 신경쓰지 않아도 원하는 목적지까지 안전하게 가는 것, 자율 주행을 하면서도 운전자가 실내에서 즐길 수 있는 엔터테인먼트를 만드는 것 등은 모두 자동차 기술이 아닌 IT 기술의 영역인 셈이다.

나는 자동차가 이미 IT 기술 분야가 된지 오래이기 때문에 자동차에 관해 기획을 한다면, 이러한 IT 트렌드의 변화를 이해하고 따라가는 것이 중요하다고 본다. 자동차라는 분야에 꽂혀서 몰입하는 게 아니라, 보다 큰 틀에서 자동차 분야를 이해하고 공부해나가는 것이다.

이렇게 말하면 실무자가 언제 학자처럼 공부를 파고 들 수 있겠느냐고 묻는 사람도 있다. 그런데 공부라는 것이 꼭 논문 쓰듯 공부하라는 뜻은 아니다. 기획자는 바쁜 사람이다. 1분 1초를 쪼개 써야 한다.

그렇기 때문에 어떤 공부를 할 때도 그것을 기획의 관점에서 핵심과 맥

락을 파악할 정도로만 이해해도 충분하다. 예를 들면 전고체 배터리라고 해서 그 개념을 전문가처럼 모두 이해할 필요는 없고, '전고체 배터리가 무엇이며, 그리고 그 원리는 또 무엇이며 어떤 기술에 접목될 수 있을지 또한 현재의 기술의 한계점은 무엇인지 이해할 정도면 충분하다는 뜻이다. 만약 더 시간이 된다면, 소재/구조/원리까지 공부해도 좋다. 상상력은 기술을 더욱 자세히 알고 있을 때 풍성해 지기 때문이다.

기사를 읽어나갈 때는 새로운 개념이나 용어들을 비즈니스와 연결지어서 '이걸 어떻게 기획에 녹여낼까'를 고민하면서 파악하는 게 중요하다. 여기에서 한 발 더 나아가 창의적 기획, 그러니까 경쟁에서 이기는 독보적 기획을 만들려고 한다면 약간의 '상상력'이 필요하다. 흔히 창의적인 사람이 일을 잘한다고 하는 것처럼, 기획에서도 창의성을 갖춘 사람이 앞선 기획을 할 수 있다.

기획의 신이 말하는 실전 기획의 노하우

상상력을 무기로 활용하라

탁월한 기획자는 매일 상상한다. 미술 대가들이 작품을 창작할 때 필요한 그런 상상력은 아니다. 단지 기획을 할 때 보는 사물이나 상황에 덧붙여 나만의 상상의 나래를 펼쳐보는 것만으로 충분하다.

예를 들어 요즘 화두가 되는 메타버스를 예로 들어보자. 메타버스는 어디에 적용하는 기술이 될까? 메타버스의 본질은 무엇일까? 이런 질문에 답하려면 이성이 아닌 상상력이 필요하다.

혹시 메타버스는 우리들 미래의 '부동산'이 될 수 있지 않을까? 아니면 메타버스는 미래의 '주식'처럼 거래될 수도 있을까? 이런 엉뚱한 상상을 해나가다보면 당장의 현실 사업에 적용할 아이디어가 쉽게 떠오를 수 있다.

물론 이때에도 메타버스에 대한 기본 개념 파악과 공부는 계속되어야 한다. 메타버스의 구조와 특징을 공부해나가야만 현실과의 접점을 만들 수 있기 때문이다. 이렇게 기사를 보면서 기술에 대한 지식이 축적되고 마스터링을 하게 되면, 이후부터는 기사 한 페이지를 읽으면 그 배경과 향후 진행 상황, 미래에 대한 그림이 머릿속에 순식간에 펼쳐지게 된다. 이런 능력을 갖추게 되면 일반 기획자와는 비교도 안 될 만큼 탁월한 업무 능력을 갖추게 된다.

그래서 지금 당장은 큰 도움이 안 되는 것 같아 보여도, 이런 축적의 시간이 필요하다. 습관을 들이게 되면 이게 얼마나 엄청난 무기가 되는지 느끼게 될 것이다.

기획을 처음부터 잘하는 방법은 없다.

이렇게 질문해보겠다. 당신이 기획자인데 보스가 당신에게 새로운 주제로 사업기획을 해보라고 했다. 주제나 난해하고 어렵다. 어디서부터 접근해야 할지 머리가 아프다. 자, 가장 쉽게 풀 수 있는 방법은 무엇인가?

이때 앞서 언급한 방법을 써보자. 모니터 앞에 앉아서 마우스로 수집할 수 있는 모든 정보를 모아서 워드 파일에 저장해보자. 처음에는 고급 정보가 아니어도 기획에 도움이 될 것 같다고 생각하는 자료면 뭐든 좋다.

이를 데스크 서칭을 한다고 한다. 내 경험을 말해보겠다. 한 번은 전기차 충전에 관한 사업 방향과 전략을 싸보라는 보스에게 숙제를 받았다. 그때 나는 전기차 충전 인프라에 대해 전혀 모르는 상태였다.

내가 제일 먼저 한 것은 일주일 동안 데스크 서칭을 통해서 전기차 관련 자료를 찾는 것이다. 충분히 찾아서 이 정도면 충분하다고 생각되면, 그 다음 현재 전기차 충전 인프라 분야에서 어떤 기업들이 주로 경쟁하고 있는지 리스트를 확인한다. 그리고 이 업체에서 전기차 사업을 하는 담당자를 한 사람씩 만나기 시작한다.

내 경우 대기업 기획자라는 타이틀이 있기 때문에 관련 기업들이 나를 잘 만나주는 편이었다. 내게 무엇이라도 얻을 게 있다고 판단하기 때문에, 나 역시 이 점을 적극 활용했다. 대부분 미팅에 응하는 사람은 CEO이거나 간부급 사람이다. 이 사람들은 시간이 금인 사람들이기 때문에 약속을 한 번 잡기도 어렵고, 미팅을 해도 시간이 극히 제약되어 있다. 그렇기 때문에 최대한 준비를 해서 만나야 한다. 한 번 미팅 해서 성과를 얻지 못할 수도 있다.

이 과정은 많은 시간과 노력이 든다. 어쩌면 이렇게까지 미팅을 할 필요가 있나, 싶을 수도 있다. 왜냐하면 어느 정도의 자료 조사만으로도 시장 분석을 할 수 있고, 그 다음 곧장 사업에 착수해도 되기 때문이다. 그러나 실상은 그렇지 않다. 이 편이 훨씬 더 시간과 돈을 아껴준다. 이유가 뭘까?

대기업은 신사업 분야에 진출하는 시점이 항상 늦다. 중소기업은 조직이 작고 움직임이 빠르기 때문에 신사업에 금방 접근한다. 그리고 시행착오를 거쳐서 자리를 잡는다. 대기업은 그 반대다. 어떤 분야가 자리가 잡혀 있어야, 즉 생태계 조성을 통해 시장성이 확보되어야만 움직일 수 있다. 속도 면에서는 중소기업에 비해 한참 느릴 수밖에 없다. 그럼, 어떻게 해야 할까?

앞서 진출한 중소기업이 현장에서 겪는 고충과 시행착오 경험을 흡수해야 한다. 그래야만 시간과 돈을 아낄 수 있다. 그래서 현장에 가서 미팅을 하고 함께 대화를 나누는 과정이 중요한 것이다. 한 마디로 '필드 경험'을 쉽게 얻을 수 있는 기회다.

전기차 충전 분야에서 내가 A라는 중소기업을 알아냈다고 하자. 이들이 시장에서 매출을 잘 내고 있고, 앞으로 기술력이 성장성도 있다. 그럼 이 기업을 우리 회사만 관심 있어 할까? 당연히 아니다. 우리 경쟁사인 기업 또한 이 업체와 미팅을 하고, 함께 사업을 하고 싶어한다. 이런 부분이 A 업체 담당자와의 대화를 통해 자연스럽게 습득된다.

'아, 우리 경쟁사도 이 전기 충전 인프라에 관심이 많은 것이구나' 라고 말이다. 조금 더 깊은 대화를 나누면 경쟁사에서 어떤 생각으로 기획을 하는지까지 담당자를 통해 알아낼 수 있다. 한 마디로 시장의 판이 간접적으로 읽히는 것이다.

현장 조사에서 중요한 점은 또 있다. 업계의 동향을 아는 것 말고도 내가 미팅하는 기업의 옥석을 가려내는 것이다. 결국 중소기업이 나를 만나는 이유는, 내게서 무엇인가를 얻을 게 있다고 판단하기 때문인데 그 과정에서 실력과 경험을 갖춘 기업과 그렇지 않은 기업이 명확하게 나뉘게 된다.

어떤 기업은 실력이 없는데 업계 동향만 빠삭하게 하는 경우도 있고, 어떤 기업은 조용하게 핵심 기술을 쌓고 있는 경우도 있다. 이 과정에서 함께 할만한 기업을 추려내고 상호 간에 도움을 찾아낼 포인트를 찾는 것이 중요하다.

데스크 서칭과 그에 따른 현장 조사, 이것이 바로 기획의 첫 번째 포인트이다.

그러나 이것만으로는 부족하다. 그 다음은 이 기술의 해외 동향을 파악해야 한다. 해당 기술력이 전 세계적으로 어느 정도로 발전한 상태인지를 파악해야 하기 때문이다. 나는 곧장 해외 거점 지사들, 북미와 유럽, 중국과 러시아, 이스라엘 등에 거점 기업에서 들어오는 정보를 수집하기 시작한다.

이 과정은 약 2~3주에 걸쳐서 진행되는데 이때 내가 했던 데스크 서칭과 현장 미팅에 대한 정보를 공유하고 그에 따른 피드백을 요청한다. 이 정보까지 수렴하게 되면 최종 기획안의 초안이 나온다.

여기까지가 2단계이다.

이 정도 정보가 기획자 손 안에 있다면 그는 몇 개월 만에 해당 분야의 전문가에 준하는 안목을 가질 수 있다. 사업적 안목 말이다. 이 상태에서 사업 기획을 시작하는 것이다.

많은 기획 실무자들이 이런 작업들을 어려워한다. 일단 사람들을 만나러 다니는 걸 귀찮아 한다. 사람을 만나러 간다고 하면 티도 안 나고, 그 시간에 페이퍼 워크를 하는 것이 훨씬 더 상사의 눈에 띄기 때문이다. 외부로 나가서 일한다고 하면 왠지 할 일 없이 돌아다니는 느낌을 준다고 생각한다. 그래서 사업 기획을 하는 사람도 데스크 서칭 단계에서 대부분의 일을 처리한다. 특히 경험이 쌓이다보면 내 생각과 경험만 믿고 사람을 만나는 일을 게을리하기도 한다. 만나봐야 별 볼일 없을 거라고 생각하는 것이다.

기획 실전 노트 3. 필드 경험을 끊임없이 축적하라

데스크 서칭과 현장 조사를 통해 현재 해당 업계의 문제점과 현실에서 돌아가는 상황을 합쳐서 조망해보면, 내가 이 시장을 어떻게, 어떤 지점에서 들어가야 하는지가 한 페이지로 요약될 수 있다.

나는 이걸 '알짜배기'를 찾아내는 과정이라고 표현한다. 알짜배기 기업은 한 눈에 알아볼 수 있다. 그리고 리더의 진심과 열정을 느낄 수 있다. 이런 업체는 심지어 광고도 하지 않는다. 자신들의 사업 핵심 분야에 집중하기에도 시간이 부족하기 때문이다.

기획의 디테일은 현장에 있다.

그러나 기획의 디테일은 현장에 있다. 공개되어 있지 않은 연락처에 숨어 있다. 모두가 만날 수 있고, 모두가 아는 사람에게서는 고급 정보가 나오지 않는다. 오직 사람을 만나러 다니는 사람에게만 귀한 정보가 나온다. 그래서 나는 외부 업체 관계자를 만나고, 그 사람이 중요한 인물이라는 판단이 들면 그 사람과 지속적인 만남과 관계를 이어간다.

외부 업체 관계자는 몇 번 정도 만나야 할까. 한 번, 두 번? 많으면 많을수록 좋다. 첫 번째 만남에서 얻는 정보와 열 번째 만남에서 얻는 정보는 질적으로 완전히 다르다. 누구나 잘 알지 못하는 상대에게 좋은 정보를 처음부터 주지는 않는다.

특히 신사업 분야의 업체들은 정보가 생명이기 때문에 처음 만난 사람에게는 최대한 정보를 숨긴다. 그러나 지속적인 만남을 통해 상대방이 자신에게 도움이 되는 존재라는 판단이 들면 그 역시 고급 정보를 오픈하기 시작한다. 그러한 관계가 되기까지는 몇 번의 미팅이 필요할지 정답은 없다.

중요한 것은 업계가 실제 어떻게 돌아갈지 판을 읽어내는 것이다.

이 과정에서 데스크 서칭으로 얻은 정보도 보완을 해나간다. 나는 필요하다고 판단하면 정부 관계자와도 적극적으로 만나는 편이다. 정부 관계자는 일반 기업 담당자를 만나는 것보다 쉽다. 그들은 연락처가 외부에 모두 공개되어 있는데다가 정부 사업을 어떻게든 홍보하고 싶어하기 때문이다. 정부 기관에서도 대기업 같은 민간 기업에 원하는 게 있다.

그들은 정보를 고의로 숨길 필요도 없고, 첫 만남에서도 양질의 정보를 쉽게 오픈해준다. 전기차 인프라 사업의 경우 정부 역시 공공영역에서 사업을 추진하고 있기 때문에 해당 분야의 실무자는 정부의 계획과 세부적인 지원 사항을 모두 기획하고 있다.

이 사람과 관계를 맺어두면 해당 분야에 대해 깊은 대화를 할 수 있고, 나아가서 관련 분야의 국가 보조금이나 정책 등을 자세히 얻을 수 있기 때문에 도움이 된다.

자, 여기까지 왔으면 이제 기획의 큰 그림이 다 그려진 것이다. 정부 관계자와 협력업체 관계자, 해외 거점 지사에서 얻은 정보를 토대로 데스크 서칭을 통해 얻은 자료를 검증하는 과정으로 돌입한다.

가설은 검증 과정에서 몇 번이고 깨지거나 수정된다. 이런 수정은 정답을 찾기 위한 바람직한 과정이다. 이렇게 정련된 자료를 수정, 생산하는 과정을 거치면 누구나 3개월 안에 해당 분야에서 '최고의 전문가'가 될 수 있다.

누구나 해외 지사에서 글로벌 동향을 들을 순 없는 것 아닌가요?

맞다. 나는 대기업이라는 울타리가 있어서 해외 정보를 비교적 쉽게 수집할 수 있는 상황이다. 그러나 배경이 있을 뿐, 그 사이의 관계를 만들어나가는 건 오롯이 내몫이다. 거점이 되는 지사에서 기획자에게 정보를 그냥 주지는 않는다. 그러한 신뢰 관계와 상호 호혜 관계가 성립되어야 한다. 그러한 관계를 구축하는 데는 앞서 말한 외부업체 담당자와의 관계처럼 시간과 노력이 필요하다.

대기업에 다니지 않는다고 해서, 해외 기업들에 대한 정보를 얻을 수 없는 것인 아니다. 조금더 노력과 수고가 들겠지만, 북미, 이스라엘등 주요 기관 또는 벤처캐피탈 웹사이트에 들어가면 충분이 질 좋은 정보를 얻을 수 있다.

기업을 탐구하는 과정

마치 이 과정은 투자하기 좋은 주식을 골라내기 위해 업체 현장 탐방을 하는 것과 같다. 대외적으로 수익이 좋아보이는 기업이라고 알려진 기업보다는 내실 있는 기업을 찾아서 검증하는 과정이라는 점에서 비슷하다. 기획자는 부지런해야만 성공하는 직업 같다. 그러려면 습관이 중요하다. 데스크 정보만을 믿거나 어쩌다 한 명 만난 결과만을 가지고 자신의 가설을 검증했다고 판단하면 안 된다. 그런 기획안은 십중팔구는 실패하기 쉽다.

나는 한 번 어떤 분야를 탐색해봐야겠다고 생각하면 보통 3주 정도를 잠자는 시간 빼고는 그 생각만 하면서 자료를 찾는다. 판세를 정확히 읽기 위한 노력이다. 그런 다음 업체 관계자를 만나게 되면, 그들은 내 말을 듣고 "아, 이 사람은 뭔가를 알고 왔구나"라고 판단하고 부차적인 설명은 생략하고 곧바로 실리적인 대화에 돌입할 수 있다.

기업 탐구를 충분히 했다면 그 다음은 실행이 중요한데, 실행에도 요령이 있다. 협력업체와 관계도 만들어졌고, 충분한 정보도 얻었기에 이제는 시장이 어떻게 돌아가는지 알게 되면 이를 바탕으로 신사업을 본격적으로 실행하면 된다.

기획자는 그럼 완벽한 기획서를 갖고 사업 실행의 물꼬를 터주는 데서 역할이 끝날까? 아니다. 기획자는 자신의 기획을 실현하는 데서 일이 끝나는 게 아니라 실행 이후 사업 진행 상황이 더 중요하다. 나는 이 대목을 생각할 때 항상 떠오르는 영화가 있다. 바로 영화 '에비에이터'이다. 영화 속 주인공 역할을 맡은 레오나르도 디카프리오는 사업에 집착을 보이는 인물로 등장한다.

그는 세계에서 가장 빠른 비행기를 만들기 위해 많은 투자를 했는데, 자신이 제작한 비행기가 바람의 저항을 조금이라도 덜 받게 하기 위해 비행기 표면에 튀어나온 나사 하나도 없도록 들여다본다. 그 장면을 보고 있으면 레오나르도 디카프리오가 마치 한 편의 예술 작품을 만드는 완벽한 예술가와 같다는 생각이 들기도 한다.

> ### 기획 실전 노트 4. 사례별로 기획 접근을 최적화하라
>
> 기획서가 만들어지면 비로소 알게 되는 것들이 있다. 바로 우리 회사와 회사가 지금 하려는 사업을 할 때 강점과 약점을 명확히 알게 된다는 것이다. 어떤 사업이든 그 사업을 실행할 때 약점이 없을 수 없다. 반대로 어떤 사업이든, 우리 회사가 갖는 장점은 반드시 존재한다. 그렇기 때문에 사례별로 접근 전략을 달리해야 하는 것이다.
>
> 예를 들어보자. 전기 충전소 사업에서 기획안을 만들 때는 충전에만 집중을 했다면, 이 기획을 실행할 때 우리 회사의 강점과 어떻게 접목시킬 생각해본다면 조금 더 확장적으로 전략이 나온다. 예컨대 충전과 결제를 한 번에 끝내는 원스톱 서비스는 어떨까.
>
> 기획안에는 이미 단계별 실행 방안과 예상 비용까지 계산된 구체적 실행안이 담겨 있기 때문에 신사업을 실행할 때 신속하게 스토리가 구성될 수 있다. 이로써 사업 전개 속도가 한층 더 빨라지게 된다. 기획서를 토대로 사업의 전체적인 전략 기획이 완성되면 이후 절차는 관련 업체들에 신사업을 제의하고 나온 견적을 갖고 단계별 실행에 들어가게 된다.

기획자는 예술가이다.

기획자도 마찬가지 아닐까. 최고의 기획자는 어쩌면 완벽주의 예술가처럼 자기 프로젝트에 대한 성공에 애착을 가진 사람이 아닐까, 하는 생각이 든다. 그런데 기업에 몸을 담고 일하는 기획자 중에서 이런 각오와 자세로 일을 하는 사람이 몇이나 될까. 대부분은 윗선에서 혹평이 오진 않을지 걱정하며, 보스의 마음에 드는 기획안을 만들기 위해 애를 쓰는 것이 현실일 것이다.

이런 기획자는 보고만 하면 모든 일이 끝난다. 기획의 초점은 오로지 선임에게 완벽하게 보고를 하는 것에 가 있는 것이다. 그러나 기획의 결과는 그 기획이 사업으로 반영되었을 때 어떤 시장의 평가를 받았는지에 달려 있다. 즉, 기획은 시장 조사부터 제품 출시 때까지 이어지는 셈이다. 그래서 나는 적어도 일을 잘하는 기획자라면 작품을 만드는 예술가처럼 일해야 하고, 항상 절벽 끝에 있는 것처럼 절박한 심정으로 일해야 한다고 생각한다.

어떤 사람들은 "왜 그렇게 스스로를 들들 볶느냐. 꼭 그렇게 일을 해야 하느냐"라고 되묻기도 한다. 물론 내 방식이 기획의 정답은 아닐 것이다. 그러나 기획은 집중의 결과인 것은 변함이 없다. '에비이이터' 영화 속 주인공처럼 작은 것도 놓치지 않으려면 완벽주의야 말로 기획의 성패를 좌우하는 열쇠다. 기획자가 스스로를 들볶는 것은 스트레스는 받겠지만 가장 안전하게 일을 하는 방식이다.

기획의 최적화

나는 이걸 '기획의 최적화'라고 부른다. 만약 이렇게까지 하지 않고 기획서 작성에서 손을 놔버리면 어떤 일이 생길까? 사업기획에서 기획서는 밑그림에 불과하다. 밑그림을 갖고 작업자에게 주면, 작업자는 기획자의 의도를 정확히 파악한 상태가 아니기 때문에 항상 문제가 생긴다.

어쩌면 당연한 일이다. 기획자는 전체 기획의 그림을 그린 사람이라 내용을 알고 있지만, 자기 일만 담당하는 실무진 입장에서는 부분만 알고 있고 전체는 모르는 상황에서 일은 항상 어긋날 여지가 있는 것이다. 그런 면에서 기획자는 지휘자이다. 전체를 아우르는 사람으로써 기획자는 프로젝트의 마지막까지 함께해야 한다.

특히 신사업은 기존 사업 기획과 달리 실무진은 있어도 시스템이 없는 상태다. 만약 냉장고를 한 대 만드는데 기존에 있는 냉장고를 추가 생산하는 문제라면 기획자가 끝까지 관여할 필요가 없겠지만, 새로운 기능이 탑재된 새로운 냉장고라면? 시스템이 완성되지 않은 상태에서 기획자가 챙겨주지 않으면 기획 의도 대로 돌아가지 않을 것이다.

신사업의 성패는 바로 이러한 기획자의 역량이 더해지는 한끗 차이로 결정된다고 보면 된다. 스마트폰을 예로 들어보자. 새로운 스마트폰이 출시되면, 디스플레이가 매우 중요하다. 새로운 기종은 모두 디스플레이 기능적 특징이 남다르다. 그런데 기획자가 이를 디스플레이 담당자에게 일임하게 되면, 실무 담당자는 일정 기준만 충족하면 제품을 그대로 채택하게 된다. 기획 이후 단계에서도 기획자가 보기에 더 나은 품질의 제품이 나올 것 같다면 적극적으로 제안해야 한다.

보통 이런 상황에서는 실무자는 "육안으로는 큰 차이가 없는데 굳이 다른 걸 찾아야 하느냐"고 말한다. 그러나 그것은 실무자의 눈으로 보았을 때이다. 기획자는 아주 미묘한 차이도 눈으로 보기 때문에 실무자가 현재 기준에 만족하지 못하도록 계속 의견을 제시해야 한다.

> **기획 실전 노트 5. 프로젝트의 모든 과정을 눈으로 확인하라**
>
> 시스템에 맡기면 일은 편하다. 기획을 한 뒤 실무팀에게 주면 알아서 개발이 되어 제품화되니 결과가 나오지 않는 것은 아니다. 그러나, 그렇게 됐을 때 항상 뻔한 결과물이 나온다. 직장 다니는 사람 중 간섭을 좋아하는 사람이 어디 있을까? 이렇게 간섭하는 과정에서 좋은 소리를 듣기 어렵다. 왜 그렇게까지 오버하느냐고 볼멘 소리를 듣기 십상이다. 그럴 때 나는 직장 동료의 관점에서는 그 말을 이해하고 받아들여주는 게 맞다. 그러나 그건 함정이라고 생각한다.
>
> 기획자는 이런 상황에서도 끝까지 소비자의 관점을 견지해야 한다. 나무랄 데 없이 완벽한 스마트폰으로 평가받는 아이폰을 생각해보자. 제품의 곡선, 그립감, 아이콘 등 디자인이 섬세하고 탁월한데 이것은 작고한 스티브 잡스가 살아 있을 때부터 철저히 디테일에 집착했기 때문에 가능한 것이었다.
>
> 만약 스티브 잡스가 아이폰을 기획만 하고 디자인 실무자에게 모든 걸 맡겼다면, 지금과 같은 아이폰 디자인이 완성될 수 있었을까? 나는 아니라고 본다.

좋은 파트너들과 협력하라

협력업체와 얘기해보면 해당 기업의 대표이사가 미팅에 나온다. 대기업과의 거래가 기업의 명운을 좌우한다고 생각하기 때문이다. 이 때문에 기업 대표들을 많이 만날 기회가 생겼는데, 리더의 유형에 따라서 파트너십의 성격도 달라진다.

기업들도 저마다 업종은 다르지만 오너의 리더십 스타일은 몇 가지 유형으로 나뉜다. 먼저, 거짓말을 하는 타입이다. 아니, 기업대표들이 왜 거짓말을? 하고 생각하겠지만 기업의 생존을 책임지는 기업 대표들은 기본적으로 영업 사원의 마인드이다. 자신의 회사와 거래를 트도록 만들기 위해 좋은 말로 포장된 거짓된 정보를 주는 사람도 많다. 흔히 '예스맨'이 여기에 해당한다. 불가능한 것도 항상 가능하다고 말하는 사람, 우리 회사는 뭐든지 할 수 있다고 말하는 CEO를 나는 경계하는 편이다.

이런 유형의 대표이사는 나 외에도 연락이 오는 모든 대기업 담당자들에게 같은 말을 할 타입이므로, 신뢰도가 그리 높지는 않다. 내 기준에서는 업무 파트너로 적합하다고 보지는 않는 편이다.

반면에, 묻는질문에 답변이 늦고, 어렵게 말하는 CEO가 있다. 어떤 요청을 했을 때는 대부분 "안 된다"는 답변이 위주다. 어쩌면 거의 대부분의 답변이 그렇다. 이런 사람은 오히려 신뢰가 간다. 자기 회사가 할 수 있는 것과 못하는 것을 명확하게 알고 있다는 인상을 주기 때문이다. 이것은 처음 기획 단계에서 예상되는 어려움을 대표이사 본인이 잘 알고 있기 때문에 이렇게 말할 수 있는 것이다. 그런데 신기하게도 이렇게 대답하는 CEO는 대부분이 엔지니어 출신이라는 것이다. 보통 엔지니어 출신은 실무 경험이 있기 때문에 영업 미팅을 할 때도 보수적으로 말하는 경향이 있다.

그러면 누구와 거래를 해야 할까? 나는 각각의 장단점이 있다고 생각한다. 말이 앞서는 CEO라고 해서 꼭 나쁜 것만은 아니다. 자신의 비전을 제품으로 구현하기 전 말로 표현하는 것은 의욕과 추진력이 있는 사람들의 특징이기 때문이다. 이런 사람들 중에서는 실제 말로 한 것을 그대로 제품에 녹여내서 구현하는 CEO도 적지 않다. 하지만 문제는 항상 이것이 지나치게 과했을 경우이다. 이렇게 되면 상대방에 대한 신뢰가 무너지게 된다.

다만, 미리 예단해서 말하지 않는 보수적인 CEO는 이쪽에서 과도한 기대를 미리 안 하게 되니 거품이 없다는 점에서 좀 더 미팅 성과가 효율적일 따름이다. 시간을 아껴야 하는 프로젝트에서는 말한 것을 정확하게 지키는 후자의 타입이 더 적합할 것이다.

거래 파트너가 어떤 사람인지는 이들과 1분기만 함께 일해봐도 알 수 있다. 말한 것을 정확히 지키는 이들한테는 신뢰가 쌓이고, 중장기적으로 함께 하고 싶은 마음이 든다.

내가 성공적인 기획 프로젝트라고 생각했던 협업은 항상 엔지니어 출신 대표와 일할 때였다. 처음에 경험이 없을 때는, 이런 CEO가 앞뒤가 꽉 막혀 보여서 조금 답답한 것도 있었다.

'아니, 왜 이렇게 융통성이 없지? 거래할 마음이 있는 건가'

때로는 이런 생각이 들 때도 있다. 우리가 생각하는 새로운 콘셉트를 도무지 받아들이지 못하는 경우도 있었다. 쉽게 말해 '우리 회사는 하나만 파고 든다'라고 주장하는 케이스이다. 그런데 많은 협업 경험을 해보니 이런 회사일수록 알짜배기, 진국이라는 것을 깨달았다. 새로운 콘셉트는 몰라도 된다. 이쪽에서 콘셉트를 짜주고 이해시키면 되기 때문이다. 대표가 전체 기획 의도와 콘셉트를 이해한 뒤에는 기술과 자원을 투자해주면 될 일이다. 쉽게 말해 이런 CEO는 처음 공략이 어렵지 한 번 마음을 열면 함께 일하기 쉽고 마음 편한 스타일이다.

그래서 지금은 내 나름대로 이런 CEO들을 걸러내는 눈이 생겼다고 해야 할까, 꽤 타율이 높게 적합한 업무 파트너를 걸러내는 편이다.

기획의 신이 말하는 실전 기획의 노하우

현재 내 포지션을 최대의 강점으로 이끌어 협력업체를 만나라

협력업체는 대기업과 악어와 악어새의 관계다. 협력업체는 기업 규모가 작기 때문에 선제적 투자가 필요하다. 그렇기 때문에 대기업과 업무 협약이나 파트너 관계가 성립되면 자금 문제를 쉽게 해결할 수 있다. 그렇기 때문에 협력업체 입장에서는 대기업에서 어떤 사업을 기획하고, 어디에 손을 쓸 준비를 하는지 면밀히 살필 수밖에 없다.

대기업 기획자인 내가 미팅을 하자고 제안하면 많은 협력업체 대표들이 선뜻 만나주는 이유도 그 때문이다. 만약 내가 대기업 기획자라는 타이틀 없이 그들을 만나려고 했다면 과연 만날 수 있을까? 아마 만나주지 않을 가능성이 더 높다고 본다. 협력업체와 함께 일할 때는 이처럼 대기업 소속이라는 타이틀이 무기가 된다.

STEP 9

100%의 성공을 만드는
기획 노하우

기획을 하다보면 사고의 틀에 갇히는 것이 얼마나 무서운 것인지를 깨닫게 된다. 대부분의 기획자들이 이러한 사고의 틀에 갇혀서 새로운 기회를 발로 걷어차버린다.

한 번은 EV 충전 인프라 사업 기획을 할 때였다. 그때 사업을 맡아서 진행하던 기획자들이 A라는 외부업체와 계약을 맺으려고 했다. 당시 팀원이었던 나는 A보다 기술적으로 유력한 B라는 업체를 찾아내어 팀원들에게 제안했다. 그러면서 왜 B가 아닌 A 업체를 선택했느냐고 물었을 때, 돌아온 답변은 이랬다.

"그 업체 괜찮았지만 연락처가 없었어요. 게다가 이미 잘 나가고 있는 업체인데 굳이 우리와 하려고 하겠어요?"

이 답변의 문제는 무엇일까? 바로 내 생각만으로 상황을 판단하고 기회를 차단한 것이다. 실제 내가 미팅을 통해서 A 담당자를 만났을 때는 이 사람은 신사업 기획에 적극적이었고 우리 회사와 협업할 마음도 얼마든지 있었다. 그런데 단지 연락처를 찾기 어렵고 이미 다른 회사와 협업하고 있을 거라는 지레짐작으로 기회를 날려버린 것이다.

나는 생각이 달랐다. 같은 기회라면 좋은 기업, 경쟁력 있는 기업과 함께 시너지를 내는 것이 중요하다고 봤다. 만약 함께했을 때 시너지를 낼 수 있다면 담당자를 만나보지 않을 이유가 없다고 생각했다. 위에 연락처를 알기 어렵다던 그 업체의 담당자를 만나기 위해 나는 지인의 도움을 받았고 결국 연락처를 알아내 이 회사의 기술영업이사를 만날 수 있었다. 그 이후 진행자들과 함께 미팅을 갖고, 기획의 성공을 예측할 수 있었다.

그런데 기획의 결과는 어땠을까? 결국 B 업체와 기획이 진행되었다. 왜일까? 기획을 이미 진행한 사람이 이미 했던 것에 대한 '매몰비용'이 아까워서 기존 관념을 고수했기 때문이다. 아마 이 기획자의 머릿속에는 이런 질문들이 있었을 것이다.

'우리가 충전기 사업을 잘할 수 있을까? 과연 대기업에서 이걸 조 단위로 키울 수 있을까?'

결국 우리가 기획 과정에서 망설이는 시간 동안 B 업체마다 경쟁사에게 매각되었고, 그동안의 공들여놓은 기획의 성과는 공중분해되었다. 나는 이 일을 계기로 기획자의 판단 오류가 얼마나 많은 손해를 가져오는지를 깊이 생각하게 되었다.

이렇게 내가 차려놓은 일을 경쟁사가 가져가서 맛있게 먹는 일, 기획의 세계에서는 흔히 있는 일이다. 2017년 당시, 이런 일을 겪고 나서 나는 다른 기획팀으로 이동해서 새로운 사업을 맡게 되었다. 당시 나는 제품 OS의 새로운 생태계를 만드는 전략 사업을 기획하는 담당자가 되었다. 당시 구글은 이미 서비스 오픈으로 생태계를 확장하며 웹브라우저를 무료로 제공하는 등 꽤 공격적으로 나오던 시기였다.

'처음 서비스를 오픈하면 어떤 사용자들이 얼마나 우리 서비스를 사용할까?' 이것이 기획으로써 고민의 시작점이었다. 이렇듯 새로운 프로젝트에 착수할 때는 두 가지 관점이 항상 충돌한다.

첫째는, 의사결정권자의 관점이다. 전문경영인의 경우 단기간에 큰 수익을 내라고 주문한다. 대부분 이런 방식으로 기획자를 압박한다. 왜냐하면 그것이 전문경영인의 성과로 반영되어 더 나은 회사로 옮기는 레퍼런스가 되기 때문이다.

둘째는, 사업 오너의 관점이다. 이 사람은 장기적 관점에서 사업을 보기 때문에 롱텀으로 사업을 진행하길 원하고, 대부분이 이런 방식으로 사업을 한다.

실무자의 관점에서 볼 때는 제품 OS의 사업은 롱텀으로 가는 두 번째 관점이 맞다고 판단했다. 자사 솔루션의 경쟁력을 점검하고, 생태계를 어떻게 만들어갈지에 대한 고민이 필요하기 때문이다. 그런데 회사에서는 첫 번째 관점으로 이 사업을 보고 전략을 짜길 주문했다. 이런 상황에서 기획자는 난관에 봉착한다.

잘 되는 기획의 3원칙

첫째, 끝까지 설득한다.

기획자는 자료만 갖고 일을 맡기는 게 아니라 어떤 실무자와 일을 하더라도 자신이 그 실무자가 된 것처럼 끊임없이 설득하는 과정을 거쳐야 한다. 그리고 심지어 그 과정을 즐기기까지 한다.

둘째, 기획을 자식처럼 생각한다.

내 손을 떠나면 제품은 망가진다는 생각을 갖고 일에 임한다. 자신이 기획하고 원한 대로 제품이 만들어지기를 바란다면 매 순간 영혼을 쏟아 부어야 한다.

셋째, 제품을 하나의 작품처럼 대한다.

제품이나 사업 기획의 모든 과정을 예술적 차원으로 승화시킨다. 그리고 항상 최고의 작품을 만든다는 생각으로 최선을 다한다.

기획의 신이 말하는 실전 기획의 노하우

대기업의 사업 분야를 살펴보고, 인사이트를 얻어라

사람들은 대기업이 어떤 사업에 손을 대고 어떤 사업은 건드리지 않는지 궁금해 한다. 흔히 "이건 대기업이 하지 않는 사업이야" "이건 대기업이 왜 하지 않는 사업이지?" 하는 궁금증이 바로 이런 것들이다.

나 역시 실무자로 일하다보니 대기업이 건드리는 사업은 특징이 있다는 걸 알게 되었는데, 기본적으로 그것은 5년 안에 1조원 매출이 나오는 분야를 대상으로 한다. 대기업은 많은 자본과 인력으로 구성되는 '공룡' 조직이기 때문에 한 가지 사업에 에너지를 쏟으면 그만큼의 매출이 나와야 한다. 그렇기 때문에 이 기준에 충족되지 않는 사업은 애초에 건드리지 않거나 시장이 좀 더 무르익기를 바라는 것이다.

이렇게 시장이 무르익지 않아서 대기업이 진출하지 못하는 분야가 바로 헬스케어다. 디지털 헬스케어는 이미 많은 기업들이 시장에 진출해 있기에 경쟁이 치열한 편이다. 그러나 국내 의료 관련 단체의 반대가 심하고 의료기기 매출이 아니라면 큰 돈을 벌기 어렵기 때문에 대기업이 진출을 머뭇서리는 상황이다.

내가 보기에 헬스케어 서비스에 대해 돈을 지불하는 주체는 대부분 보험사이다. 나 역시 디지털 헬스 케어에 대한 관심으로 사업 기획을 해서 서비스를 런칭하기 직전까지 갔는데, 회사 내부 실무자들의 이견 때문에 1~2년을 끌다가 골든타임을 놓치고, 경쟁 기업에 협력업체들을 뺏긴 경험이 있다. 공룡 대기업의 단점은 이렇듯 의사결정에 시간이 많이 걸린다는 것이다.

대기업에서 기획 일을 하다보니 이런 일들이 비일비재하다는 걸 알았다. 아무래도 중간 관리자는 윗사람의 눈치를 보지 않을 수 없기 때문이다. 그래서 실무자가 유망 분야로 기획한 것들도, 신사업에 해당하는 것이라면 실제 프로젝트 단계로 넘어가는 경우가 극히 드물다. 개인적인 생각이지만 대기업이 하는 신사업에 대한 투자 결단은 오너가 내려야 한다고 생각한다. 신사업은 최소 수억 많게는 수백억의 투자금이 들어가는데 이렇게 큰 사업에 리스크를 걸 실무자가 얼마나 될까. 백억 대의 투자를 결정할 수 있는 사람은 오너이거나 CEO급 경영자가 아니면 불가능하다.

기존에 했던 사업의 경우 규모를 확장하는 만큼만 투자를 결정하면 되니 부담이 없는데 신사업의 경우는 과감하고 선제적인 투자가 선행되어야 하기 때문에 쉽게 실행되기가 어렵다.

앞서도 언급했듯 대기업의 신사업 기획은 돈도 많이 들고, 의사결정이 어렵기 때문에 성공 확률이 매우 낮다. 꽤 중책이라고 할 수 있는 전무나 부사장 또한 수천억이 걸린 중대한 투자 결정을 선뜻 하기 꺼려 한다. 그런 상황에서 기획자가 의지를 갖고 진행한 프로젝트가 성공할 때의 쾌감은 이루 말할 수 없다.

미래의 성장 먹을거리는 어디에 있을까.

지금부터는 내가 미래의 먹을거리라고 생각하는 기획 분야를 공개하려고 한다. 어쩌면 이 책을 읽는 사람들 중에는 경쟁사의 기획자도 있을 것이기 때문에 공개가 조심스러운 부분도 있다. 하지만 나누면 더 성장한다는 마음으로 과감하게 공개해보겠다.

사업제안 1. 디지털 헬스케어
최근 눈여겨보는 프로젝트는 바로 디지털 헬스케어다. 이 분야는 더욱이 정부 자금을 유치해서 진행하는 프로젝트로 결과가 궁금해지는 프로젝트이기도 하다.
헬스 케어 분야는 원래 의료 사업자들이 주도하던 프로젝트였던 것이 최근에는 애플과 구글, 삼성, LG 등 국내외 IT 기업들이 대거 진출하는 모양새다.
대기업 신사업 기획과 관련해 풀어낼 얘기가 많은데 조금 더 자세히 얘기해보자.

디지털 헬스케어는 병, 의원이 환자를 대상으로 하는 비즈니스를 디지털화한 분야를 말한다. 한 때 정치권에서 이슈가 되었던 원격 진료와 같은 분야가 바로 여기에 속한다. 이러한 디지털 헬스케어를 크게 4가지 분야로 나누면 진단과 치료, 예방과 사후관리 사업으로 나눌 수 있다.

여기서 진단과 치료의 경우 의사만 할 수 있다. 즉, 이 분야는 디지털 기업이 손을 댈 수 없는 분야다. 그러나 예방과 사후 관리의 경우 의료인이 아닌 사람도 사업에 뛰어들 수 있다. 특히나 최근에는 건강 분야에서는 치료 못지않게 예방에도 관심이 커지면서 디지털 헬스케어 분야의 성장 가능성도 높아졌다.

관련 서비스 도입이 증가하는 추세인데, 문제는 시장 규제가 지나치게 심하다는 것이다. 의약품의 경우 배송조차 되지 않고 원격 진료는 막혀 있는 상황이다. 특정 단체의 간섭과 정치력 행사가 기술 도입을 막고 있는 형국처럼 보인다. 자신들의 밥그릇이 빼앗긴다고 생각하는 것이다.

이는 우리나라만의 특수한 상황이라고 볼 수 있다.

해외의 경우를 예로 들면 북미에서는 규제가 이보다 훨씬 덜해서 이미 원격 진료가 활성화되어 있다. 한국보다 GDP가 낮은 나라에서도 이미 원격 진료는 시작되었다. 반면 국내 실정의 경우 치열한 경쟁 속에서 적자 게임을 하고 있고, 이 게임의 패권을 쥔 보험사는 지불액을 점차 삭감하는 그야말로 총체적 난국에 휩싸여 있다고 볼 수 있다.

사실 디지털 헬스케어는 당장 돈이 되는 분야는 아니다. 시장 선점의 관점에서 투자를 하는 시기이기 때문이다. 해외에서도 디지털 헬스케어 분야가 수익성을 갖지 못하는 건 매한가지다. 예를 들면 북미에서 원격 진료로 유명한 헬스케어 기업인 텔레닥의 경우, 기업가치는 높지만 아직 적자를 벗지 못하고 있다. 또 심장 진단과 판독을 해주는 '아이 리듬' 같은 기업들도 높은 기업 가치에 비해 수익성은 상당히 부진하다고 볼 수 있다.

그렇다면, 기획자는 이쯤에서 생각해볼 필요가 있다. 왜 디지털 헬스케어 분야는 아직 적자를 내는 것일까. 나는 그 이유를 이 분야의 수익성 자체가 전통적 의료 시스템을 벗어나지 못하기 때문이라고 본다. 이 시스템에서는 수익 모델이 보험사에 치중되어 있기 때문이다. 이 때문에 비즈니스 모델과 전략을 새로 짜는 콘셉트의 전환이 필요하다고 봤다.

디지털 헬스케어는 앞으로도 유망한 분야다. 미래의 먹을거리는 여기에 달려 있다고 해도 과언은 아니다. 앞으로 가정에서의 건강 관리가 중요한 시대가 올 것이기 때문이다. 이미 집집마다 체중계 정도는 갖추고 있고, 체중계는 크기나 부피도 많이 차지하지 않기 때문에 집집마다 갖추고 있다.

그런데 체중계와 더불어서 내 건강을 측정해주는 인바디와 같은 기능을 갖춘 소형 건강기기가 있다면? 이 기기를 활용하면 아침마다 키와 몸무게를 재는 것은 물론이고 체지방, 혈압 등 다양한 생체 건강 정보를 측정할 수 있다. 그리고 전면에 미러 디스플레이가 현재까지의 내 건강 상태에 대해 모니터링된 상황을 보여준다. 이 기능을 하나의 생활 건강 가전 제품으로 별도 개발하여 빌트인 시킨다면 어떨까?

기획의 발상을 새롭게 하라

중요한 것은 이렇게 기능화했을 때 이를 비즈니스 모델, 즉 돈이 되게끔 만들 수 있느냐일 것이다. 대부분의 경우 이 문제를 해결하지 못하는 상태에서 디지털 헬스케어 산업이 정체 상태에 머물고 있는 것이다. 내가 기획자로써 내린 답은 이렇다.

디지털 헬스케어를 의료 기기가 아니라, 가구 안에 넣어보면 어떻겠느냐는 것이다. 가구라고? 그렇다. 건설사에서 아파트를 지어서 분양할 때 붙박이 옵션으로 헬스케어 프로그램을 빌트인으로 넣는 것이다. 한 채에 적게는 몇 억, 많게는 몇십 억 하는 아파트를 파는 건설사 입장에서는 프리미엄 아파트의 이미지를 굳히기 위해 100~200만 원 남짓한 헬스케어 기기를 넣는 것은 큰 문제가 되지 않을 것이다.

더욱이 최근의 주거 트렌드가 '편안한 집'에서 이제 편안함은 기본이고 '편리하고 건강한 집'으로 넘어가고 있다. 이제 굳이 집밖을 나가지 않더라도 집에서 할 수 있는 것들이 충분히 많다. 즉, 집으로 학습, 운동, 쇼핑, 업무, 공연/전시 등 다양한 서비스가 유입되고 있으니 트렌드에도 부합하기도 하다.

이 개념을 조금 더 확장해볼 순 없을까? 사실 1차적으로 측정만 한다고 해서 그걸로 끝나면 안된다. 종합적인 해석 능력을 통해 지속적 예방/관리가 필요하다. 예를 들어서 측정된 정보를 종합적으로 해석해주고 관리를 해줄 수 있는 사람이 있다면? 내가 잠깐 어디 아플 때 부담없이 편안하게 가서 건강 상담을 받아 볼 수 있다면? 즉, 단지 내에 건강케어 센터를 만들고 거기에 비정기적으로 간호사가 상주하며 측정되는 데이터

뿐만 아니라 건강검진 결과 등 다양한 상담과 더불어 금연, 다이어트 등 프로그램을 운영해 준다면 말이다. 이렇게 되면 1차적으로 집에서 건강 관리를 셀프로 하고, 2차로 단지 안에 있는 헬스케어 센터를 방문하여 상주하는 간호사와 상담을 받을 수 있다.

필요하다면 센터 내에서 협약이 맺어진 병원 의사에게 원격 진료를 받을 수도 있을 것이다. 이 헬스케어 센터의 운영비는 주민들이 관리비에서 공동 부담하면 그리 큰 비용이 들지 않을 수도 있다. 여기서 2차 진단을 해서 병원을 가야 할 것 같으면 3차 진료로 병원을 방문하면 병을 예방하고 치료하는 비용이 획기적으로 줄어들지 않을까? 보험사와 연계해도 될 것이다. 아파트 주민을 위한 저렴한 보험 상품을 개발하고, 지속적인 관리를 단지 내에서 해준다면?

낯선 개념인가? 그렇지만 지금 아파트 단지마다 헬스장이 기본적으로 들어가 있는 것도 처음엔 그랬다. 뭐든 적응하는 시간이 필요하다. 하지만 고객은 이것이 병원을 매번 방문하는 것보다 예방적 차원에서 편리하다고 판단하면, 이 시스템을 선호할 것이다.

먼 미래의 일이 될 거라고 생각하면 안 된다. 이것은 이미 우리 생활의 현실이 되었으니까. 아파트 단지 내에 헬스센터에서 상담한 기록이 병원에 제공되어서, 혹시나 발생할 위급 상황에서는 제휴된 병원으로 가서 의료진에게 마치 주치의처럼 상담받고 치료받을 수 있는 시대, 이미 현재에 와있다.

이게 정말 돈이 될까?

현재로서는 '그렇다'고 볼 수 있다. 그 이유는 디지털 헬스케어 서비스의 수혜자인 건설사 때문이다. 많은 건설사들이 브랜드의 힘만으로는 더 이상 아파트를 잘 팔 거라고 자신하지 못하고 있다. 한 마디로 그들은 현재 새로운 콘셉트를 원한다. 왜냐하면 아파트 브랜드가 너무 많기 때문이다. 특히나 후발 주자들의 경우 아파트 브랜드를 소비자에게 각인하기 위해 새로운 시도를 할 수밖에 없는 상황이다.

그런 와중에 한 건설사의 시도는 주목할 만하다. 이들은 최근 자사 아파트인 에 건강체크기기를 들여놓으려고 준비 중이다. 그런데 소식을 듣자 하니 아쉽게도 체중계/체지방계 수준에 머문다고 한다. 단순히 측정만 하면 뭐할까 또한 예방적/사후관리적 측면에서의 건강 관리를 위해서라면 좀 더 다양한 측정결과 그리고 건강검진 데이터들을 기반으로 전문가가 정기적으로 관리해줄 전문 인력이 없기 때문이다. 건강을 매일 체크하기 위한 동기 부여가 반드시 필요하고 이 데이터를 지속적으로 누적하여 병원에서 활용할 수 있는 근거를 마련해 주는 것이다.

나는 이걸 단지 내 상주하는 간호 인력을 통해 이 문제를 해결할 수 있다고 본다. 고객의 건강 관리 측정 결과를 해석해줄 전문가가 있다면, 병원과 고객의 연결이 한층 더 쉬워진다. 이 서비스가 가능해지면 아파트 단지 내에서 디지털 헬스케어의 예방과 진단, 치료, 사후 관리의 모든 프로세스와 완벽하게 실현될 수 있다. 최근의 한 스마트시티 단지는 이러한 새로운 콘셉트를 실현하기 위해 시도 중이다.

모든 기획은 현장에 답이 있다.

사람들이 뉴스 기사를 보면서 욕할 때는 언제인가? 아마도 여러 사례들이 있겠지만 대표적으로 정치인들이 '탁상공론'을 할 때가 아닐까. 여기서 말하는 탁상공론은 현장 분위기를 모른 채, 정책을 만드는 행위를 비판하는 것이다. 현장에 가보지 않으면 국민들의 목소리를 들을 수 없기 때문에 이 비판은 매우 타당하다.

그런데 이러한 관점은 기획자에게도 적용될 수 있다고 본다. 기획자가 기획을 할 때 책상에서만 앉아서 기획을 하고, 내부 사람들의 말만 들으면 탁상공론이 나올 수 있다. 그 기획의 결과는 반드시 오류를 범한다고 나는 생각한다. 그래서 기획자 또한 현장에 가서 업체를 만나보고 함께 대화를 나누는 경험이 반드시 필요하다.

정부부처에서 민간 업체의 의견을 듣기 위해 위원회에 가끔 참석 하게 되는 경우가 있다. 참석하게 되면 자리에 따라 다르겠지만, 각 회사별 팀장급 이상이 참석하게 되는데 많이 안타까운 점들이 눈에 띄게 된다. 참석자들을 보면, 이렇다.

그냥 좋은 게 좋은 것이라는 식으로 얘기하다 끝나는 경우도 많다. 단순히 보여주기식인 것만 같다. 어떤 관점으로 위원회 참여하는 사람들을 소집한 것일까? 그냥 일선 기업들? 그 위원들 중 실제 일선에서 기획하는 사람들은 없었던 것으로 기억한다. 그리고 대체로 국내기업 위주다. 글로벌 전체 판을 보며 얘기하는 사람은 거의 없다. 좀 아쉽다.

특정 과제 심사도 마찬가지다.

저자도 가끔 심사위원으로 참여하게 되는데, 교수님들이 왜 이렇게 많을까 하는는생각이 든다. 과제는 원천기술 확보도 좋지만, 원천기술이 얼마나 사업성을 가지며 산업의 판을 바꿀 수 있는지가 더 중요하다고 생각한다. 서비스적인 측면은 더하다. 예를 들어 스타트업 지원 심사를 한다고 가정해 보자. 스타트업은 사업성이 제일 우선이다. 얼마나 사업적 가치를 가지고 있는가? 지원을 해줬을 때 몇 십배 몇 백배의 돈이 될 것인가?

현재 산업의 판을 바꿔 글로벌 경쟁력을 가질 수 있는가? 아이디어의 참신성/차별성/실현 가능성, 비즈니스 모델과 시장 진입 전략에 대한 실현성, 경쟁 구도에서의 Winning 전략을 잘 판단하여 지원이 이루어져야 할 것으로 본다. 하지만, 왜 이렇게 교수들이 많이 심사위원으로 오는 것인가? 심지어 전혀 관련 없는 분야도 많다. 정말 사업을 아는 걸까? 정말 경쟁 환경을 잘 알고 심사하는걸까?

정부 과제 기획 담당자들도 다시 한 번 고민해 봤으면 하는 취지로 얘기하고 싶다. 실제적으로 판을 바꾸기 위한 산업 과제를 기획하고 만들고 싶다면 정말 경쟁력 있는 위원들부터 섭외하고자 하는 노력부터 선행되었으면 한다.
이런말들도 있다. 중소업체들을 몇 십년째 정부 과제로만 먹고 사는 기업들 말이다. 정부 과제에 기대는 좀비 기업들 말이다. 그렇게 어렵게 기획하고 많은 기업들로부터 제안서를 받아 경쟁력 심사까지 해서 선정된 기업이 당연히 성공해야 하는데, 또다시 정부 과제만 매달리고 있는 것이고 매번 반복되고 있는 것이다.

이게 옳은 것일까?

즉, 고객의 입장을 확인하기 위해 눈과 귀를 열어야 하는 것이다. 그것도 객관적이고 검증된 인물들을 통해서 말이다. 하나의 예를 들어보자. 디지털 헬스케어 프로젝트를 기획하면서 새로운 관점으로 한 번 고민하게 된 계기가 있었다.

우리는 보통 의료, 라고 하면 1차적으로는 서양의학을 떠올린다. 헬스케어 산업에 관한 접근 또한 서양의학의 관점으로 해석하는 것이 보통이다. 그런데 의료의 영역에는 한의학의 영역도 있다. 그러면 디지털 헬스케어가 한의학과 접목되지 말라는 법도 없다.

기획을 하다가 이 관점이 신선하다고 생각해서, 그때부터 한의원을 탐구해보기 시작했다. 한의원 원장들과 친분을 쌓으면서 한의원의 생태계를 공부했다. 어떨 때는 기획 거리를 찾기 위해 한의원에 반나절 정도 상주하기도 했다. 그렇게 사람들 치료하는 모습도 보고, 간호사들의 일도 거들어주면서 말이다. 사실 한의원 자료 조사라고 하면 몇몇 한의원 원장을 만나서 얘기를 들어보는 것으로 현장 경험을 쌓았다고 말할 수 있다.

그런데 그건 그야말로 수박 겉핥기 식이다. 눈에 보이는 것만 보면 제대로 된 기획을 할 수 없다. 이 분야의 정확한 기획을 하려면 반드시 한의원이 어떻게 운영되고, 고객은 어떻게 치료를 받는지 모니터링 하는 과정이 필요하다.

그런데 기획자가 현장에서 이렇게까지 시간을 보내는 경우는 거의 없다. 대부분 업무가 너무 많고, 바쁘기 때문이다. 어떤 기획자는 분명 '굳이 저렇게까지 할 필요가 있나'라고 생각할 수도 있다. 세상에 바쁘지 않은 기획자는 없다. 나 역시 정신없이 바쁜 와중에도 굳이 이런 수고스러움을 감수하는 이유는 '텍스트 정보'만으로는 알아내지 못하는 고급 정보가 있기 때문이다.

반드시 현장으로 가서 확인한다

특히 내가 잘 모르는 산업이나 분야를 알기 위해서는 서류 몇 장, 인터뷰 한 두 번만으로는 정확히 알 수 없다. 반드시 현장을 보고 체험하는 과정이 필요한 것이다. 이런 경험을 누락시키고 기획을 한다는 건 한 마디로 어불성설이다. 나는 이런 기획을 '탁상 기획'이라고 부르면서 기획자들이 경계해야 할 함정 1호라고 생각한다.

항상 느끼는 것이지만 답은 언제나 현장에 있다. 그리고 이때 현장은 가급적 한 곳이 아닌 여러 곳을 다녀볼 필요가 있다. 심지어 같은 업종의 같은 분야라고 하더라도 업체마다 색깔이 다르고, 대표이사의 마인드가 다르기 때문에 최대한 여러 곳을 탐색해 봐야 한다. 이렇듯 다양한 현장에서 여러 사람을 만나보면서 이 분야에서 일하는 사람들의 차이점도 파악해보는 것이다.

그러면 내가 책상에서 기획한 가설이 현장에서 어떻게 검증되는지 알 수 있고, 이를 수정 반영한 것을 기획에 다시 녹여낼 수 있다. 책상에서 자료 조사를 통해 하는 기획은 부분, 부분을 파악하기는 쉽다. 그렇지만 종합적인 기획이 가능하려면 반드시 현장에 가봐야 한다. 나는 한의학 분야에 헬스케어를 도입하면 좋겠다는 확신을 갖게 된 이후 가장 먼저 한 일이 한의원에 가본 것이었다. 그리고 한의원을 탐방하고 나서 느낀 점은 이 분야가 분명한 시장성을 갖추고 있다는 것이었다.

처음 한의원에 갔을 때는 '한의원에서 고객이 어떤 서비스에 돈을 지불하는지 보자'는 마음이 컸다. 그런데 이후 몇몇 한의사들과 대화를 해보니 한의학에 디지털 헬스케어의 장점을 접목할 여지가 더 커졌다. 나는 이 분야가 매우 매력적이라고 생각했다.
먼저, 양학 의사는 보통 표준화된 절차로 진단하고 처방하는 것이 전부인 반면, 한의사는 맞춤형 치료와 조제가 가능하다는 장점이 있다.

예컨대 사람 체질에 따라서 치료 방법도 달리 할 수 있고, 한약 성분과 제조법을 다르게 만들 수도 있다. 요즘 사람들은 '웰빙'을 강조하는 추세다 보니 기왕에 약을 먹더라도 몸에 건강한 약을 먹고자 한다. 그런데 서양식 처방은 약이 몸에 좋다고 하지는 않는데. 화학 성분이기 때문이다. 반면에 한약은 식물재료와 천연재료로 만들다 보니 먹어도 몸에 해가 덜하다.

사업적 측면에서도 한의사는 상품을 다양하게 만들어 팔 수 있는 장점이 있다. 예를 들면 건강기능식품, 건강보조식품을 제조 및 판매할 수 있다. 나는 이런 점이 현재의 치료 시장에서 틈새를 개척하고 새로운 시장 수요를 만들 여지가 충분하다고 보는 셈이다.

한의사별로 자신만의 검증된 레시피로 건강 보조식품을 개발하고 있는 경우가 많다. 또한, 소비자들은 웰빙 형태의 건강 보조식품을 구입하는 데 있어 정말 효과가 있는 것인지에 대한 의문을 갖는다. 또한 집마다 개인마다 책상 위에 건강보조식품이 비타민부터 오메가3까지 화학적 건강보조식품을 올려놓고 매일 챙겨 먹을 것이다. 그런데 정말 나에게 맞는 걸까, 하는 의문을 갖게 될 것이다. 건강에 좋다니까 사긴 했지만 정작 나에게 맞는 웰빙 건강 보조식품을 먹고 싶다는 니즈가 많다. 하지만 만약 5명 이상의 한의사들이 보증하고 효과를 검증한 체질별 맞춤형 건강 보조식품이라면?
그리고 한의사들이 1:1로 체질 개선을 위한 상담을 진행하며 직접 관리해준다면?

최근 집에 머물게 되는 시간이 증가하면서 대면에 대한 불편함을 호소하는 사람들이 증가하고 있다. 이는 집에서 케어 받는 원격 건강 관리에 대한 니즈의 증가와 더불어 믿을 수 있는 전문가와 함께하고 나에게 맞는 맞춤형 건강보조식품을 통해 건강관리를 하고 싶어 한다.

사업제안 2. 한방의 디지털화

최근에 한 한의사와 함께 '술 깨는 한약'을 개발 중인데, 어느 날 회식을 마치고 집에 왔는데 다음날에도 숙취가 가시지 않았다. 마침 그날 한의원에 탐방을 갈 일이 있어서 한의사에게 물었더니 보통 술 깨는 약은 숙취에만 초점을 맞추는데 이건 그다지 효과가 없다고 했다. 이 한의사가 보기에 숙취의 진정한 해소는 머리 아픈 것, 속 아픈 것, 갈증 나는 것 이 3가지를 모두 해결해주어야 하는데, 이 역할은 한약을 먹으면 해결된다는 것이었다. 나는 '정말 술 깨는 한약'이 있을까 싶어서 시험 삼아서 숙취 해소 약을 받아가지고 와서 그날 바로 술을 마시기 전 약을 먹었다. 그런데 다음 날 정말 희안하게도 술을 전혀 안 마신 것 같은 느낌이 드는 것이다.

혹시나 해서 주변 사람들에게도 술을 마시기 전에 먹어보라고 한 포씩 돌렸는데 다들 반응이 같았다. 숙취가 전혀 없었다는 것이다. 나는 이건 시장성이 꽤 크다고 생각하고 약을 업그레이드한 뒤에 시장에 출시하자고 해당 한의사를 설득했다. 그는 제품화와 마케팅에서 내가 도움을 준다면 기꺼이 제품을 출시하겠다고 했다. 조만간 숙취 음료 시장에서 한약이 새로운 강자로 등장하리라 생각된다.
위 사례를 기획으로 풀어보면 이렇게 된다. 한의원은 병원이기도 하지만 제약사이다. 이건 분명한 장점이다. 그런데 장점만 있고 단점은 없을까? 이 또한 병원이라는 시스템과 비교했을 때 단점이 있었다.
바로 한의원에서 사용하는 환자 관리 프로그램이다. 내가 만난 한의사는 EMR이라는 프로그램을 보여주었는데, 이 프로그램은 환자 진료 기록과 건강심사평가원 청구서, 보험 청구 업무 등을 입력하도록 되어 있었다.

이걸 얼마 주고 구입했을까? 무려 매달 16만 원을 내고 사용 중이라고 했다. 그래서 나는 '이것보다 더 쉽고 편리하게 만들어줄 수 있는데 사용할 거냐'고 물어보니 선뜻 그러겠다고 했다. 이 또한 새로운 시장 수요가 있는 틈새 영역이라 할 수 있다. 이 시스템이 전국의 한의원에 접목될 경우 한의원 시스템을 발전시켜줄 계기가 될 수도 있을 것이다.

현재 전국에는 약 1만 5000개의 한의원이 존재한다. 이중 절반만 프로그램을 바꾼다고 해도 그 수는 적지 않을 것이다. 한의원의 고객 관리 인프라를 바꿀 절호의 기회라고 생각되기도 한다. 이렇게 한의원을 비즈니스 모델의 관점에서 분석해보니 재미 있는 요소들이 꽤 많았다. 한의원 내에 뷰티존을 만들어보는 건 어떨까? 체질 개선을 통해서 아름다움을 가꿔나가는 뷰티케어 서비스를 론칭할 수도 있을 것이다.

하지만 이런 식으로 기획을 끊임없이 연장해서 생각할 필요가 있다. 계속 고민하고 현장에서 답을 찾아야만 한다. 이쪽 업계에서는 흔히 상상력이 없는 기획은 망가진다, 라고 한다. 정보와 지식이 평준화된 시대에, 더이상 예측 가능한 기획으로는 의미 있는 경쟁력을 만들기 어려운 시대가 되었다.
같은 비즈니스 조건을 보더라도 다양한 관점을 갖고, 자신이 가진 지식을 풍부하게 접목할 수 있어야만 새로운 가치를 창출할 수 있다. 내가 기획을 하기 전, 개발자로 일할 때에는 이런 관점이 없이 무턱대고 일만 했던 시절이었다. 그러다 보니 좋은 개발 결과물이 나오지 않았다. 소프트웨어 개발로 특허는 10개나 냈지만 이를 상품화한 결과물을 만들지 못했다. 개발의 결과물이 좋으려면, 내 지식과 생각 말고도 고객의 이야기, 그리고 다른 사람의 경험을 듣는 것이 매우 중요한데 그때 나는 이를 전혀 들으려고 하지 않았기 때문이다. 내가 바라보는 시야가 좁았다. 즉 현장에서 답을 찾으면 실패와 상상을 반복하며 찾으려 하지 않았고, 나만의 생각에 빠져 일했던 것이기 때문이다.

지금은 현장에서 많은 전문가를 만나며 경험과 이야기를 경청하는 것에 습관이 들은 상태이다. 그리고 이것이야말로 내 기획력이 힘을 갖는 경쟁력이라고 생각한다. 또한 지금은 개발자로 일하던 시절, 내가 냈던 특허를 상용화하고 이를 실현하는 일에 비전을 갖고 있다. 당시에 차마 생각하지 못했던 양념을 더해 서비스를 더욱 공고하게 만들 수 있게 되었다. 이전에는 상상도 못했던 일이다. 내 자신을 타인과 경쟁이 불필요한 압도적 존재로 바꾸겠다고 결심한 이후에는, 스티브 잡스가 말한 것처럼 경험치의 점들이 모두 연결되는 경험이 이뤄졌다.

먼저 스스로를 깨끗하게 비우자

개발자에서 난생 처음 해보는 일인 기획의 세계로 들어갔을 때 내가 처음 했던 건 스스로를 버리는 연습이었다. 어렵게 기획 일을 하게 되었지만 나를 유령처럼 대하는 동료들, 있으나마나한 존재로 여기면서 같은 사무실에서 함께 8시간을 매일 있는 나날들이 나에겐 지옥이었다. 말 한마디 못하고 덩그러니 사무실에 앉아 있는 내 모습을 보면서 사표를 내야겠다는 생각을 수십 번도 더 했던 것 같다.

그래서 이대로는 안 되겠다, 싶어서 잠깐 휴가를 내고 고향인 강릉에 내려가서 한 동안 내 자신을 비웠더랬다. 아무도 없는 새벽에 혼자 바닷가를 거닐면서 '지금 여기서 포기하는 게 옳은 것일까' 스스로 질문하고 또 질문했다. 그때 깨우친 것이 이런 것이다.

어떤 새로운 분야에 뛰어들었다면 최소한 나라는 사람은 없다고 생각하고 1년 동안 시도해봐야 하는 게 아닐까. 나에게 새로운 배움을 주는 사람을 위해서만 사는 것처럼 1년을 버텨보자.

이 마음가짐을 갖자, 모든 걸 다 버리고 새롭게 시작할 수 있었다. 그제야 사무실에서 덩그러니 앉아 있는 것 또한 감사한 일이란 생각이 들었다. 나에게 단순 반복적인 업무 지시만 내려주는 선임이 고맙고, 그의 부탁이라면 한밤중에라도 달려갈 준비를 할 수 있었다. 나는 철저히 상대방을 흡수하는 사람이 되어 있었던 것이다.

만약 이 책을 읽는 독자들 중, 어떤 분야를 새롭게 시작할 각오를 다지고 싶다면 아무도 없는 조용한 시골로 내려가 일주일만 자기 자신과 대화를 해보라고 권하고 싶다. 그동안의 생각과 관점, 사상을 모두 버리고 새로운 환경에 나를 적응시키기 위해 모든 것을 비우는 과정을 반드시 가져야 한다. 그것이 어떤 분야가 되었든, 그 분야에 적응하는 데에는 1년 이상 걸릴 거라고 생각해라. 장기적으로 보고 판단해야만 잘못된 선택을 막을 수 있다.

기획의 신이 말하는 실전 기획의 노하우

나는 아무 것도 모른다는 생각으로 시작한다.

나는 어떤 새로운 분야를 기획할 때는 항상 그 분야의 유치원생이 된다. 왜냐하면 해당 분야의 지식이 전무하기 때문이다. 그렇기 때문에 나는 만나는 사람의 말을 전부 흡수할 수 있었다. 상대방이 경험이 풍부한 실력자라면 그 사람의 강점을 흡수하고, 경험이 없는 초보라면 그 사람이 가진 새로운 관점을 취하려고 노력했다. 그걸 금방 빨아들이고 난 뒤의 나는 예전보다 한층 업그레이드 된 사람이 되었다.

'누구나 이미 그렇게 하고 있지 않나?' 이렇게 말하는 사람도 있을 것이다. 상대방에게 항상 배우려는 자세로 일하지 않는 사람도 있나? 대기업에 다니면서? 이렇게 생각하는 사람도 있을 것이다. 그런데 내가 말하는 배우려는 자세는 이보다 훨씬 더 낮은 자세이다. 쉽게 말해서 자존심을 다 버리고, 마치 상대방의 종인 것처럼 일할 준비가 되어 있느냐, 그런 자세로 상대방을 흡수할 수 있느냐, 하면 이건 결코 쉬운 일이 아니게 된다.

훌륭한 기획자라면 머릿속을 완전히 비워야 한다. 아무 것도 모르는 것처럼, 자존심은 물론 기존의 관점과 생각을 모두 버려야 한다. 그렇지 않을 수 없는 게, 내가 모르는 분야에서 기획을 하려면 스스로 백지 상태가 되지 않으면 안 되기 때문이다. 심지어 나는 어떤 분야를 기획할 때 마음가짐을 달리 하기 위해 평소 입지 않는 옷을 입는 등 겉과 속을 모두 비우기 위해 노력한 적도 있다. 그렇게 해야만 새로운 세계로 들어가고, 내가 그 세계에 녹아들 수 있다는 걸 알기 때문이다.

3장

내가 본
대기업 내부의 세계

STEP 10

대기업에서 승진하는 사람들의 법칙

대기업에는 어떤 사람들이 일을 할까?
패턴의 법칙, 3년의 법칙 등 내 나름의 성공의 원칙을 발견하게 된 건 대기업 조직 내에서 일하는 사람들을 관찰하면서부터다.
대기업이라는 조직에는 어떤 유형의 사람들이 일을 할까? 오랫동안 조직에 있다보니 이 또한 몇 가지 타입으로 분류가 가능하다.

첫째, 주어진 일만 열심히 하는 사람
주어진 일은 정말 열심히 하는 사람들이 있다. 대부분 이런 사람들이 조직 구성원 중 대다수를 차지한다. 다수를 차지하는 만큼 회사가 돌아가는 데 핵심적인 부분이긴 하지만, 이들에게는 인사이트, 즉 업무 통찰은 부족한 편이다.

둘째, 열심히 하는 것 같은데 주어진 일처리를 잘 못 하는 사람
조금 심하게 말하면 어떻게 대기업에 들어왔을까, 하는 생각이 들 정도다. 출신 대학은 고학력인데 일을 처리하는데 있어 진전 없이 하루종일 잡고만 있다. 뚫어져라 자료를 본다고 답이 나오는 게 아닐 텐데 말이다. 열심히 하는 것 같은데 성과가 안 나오고 답답하다. 조직책임자로부터 푸쉬를 많이 받지만, 달라지지 않는다. 이렇게 되면 회사 다니는 것이 스트레스가 될 수도 있다.

셋째, 주어진 일도 열심히 안 하는 사람
정말 100명당 1명꼴로 있는 것 같다. 도무지 일할 생각을 안 한다. 뭐라고 해도 안 한다. 하려고 하는데 못하는 걸까? 동료들에게는 욕을 먹지만 잘 살아 남는 사람들도 있다. 그건 윗사람들에겐 정말 잘한다. 다행히.

넷째, 일도 잘하고 성격도 좋으며 예스맨인 사람
똑똑하다 스마트하다. 동료와도 잘 지내려고 노력한다. 조직책임자들도 좋아한다. 그런데 참 이상한 점이 있다. 내가 근무한 회사에서 임원급 이상의 조직 책임자 중에는 이런 사람을 못 봤다. 참 아이러니하다. 그런데 이런 사람들의 특징은 다른 회사, 다른 조직으로 금방 옮기는 것 같다. 그리고 희한한 것은 조직책임자 또한 자기 밑에 숨겨두고 키워주질 않는다. 어쩌다 이런 사람이 좋은 운을 만나면 승승장구하게 된다. 운은 사람을 배신해도 실력은 배신하진 않는 것 같다.

다섯째, 일은 잘 하지만 성격이 날카로운 사람
이런 사람은 일은 정말 깔끔하게 잘 처리한다. 뭐, 반박할만한 거리도 없다. 충분히 할 만큼 다 했다. 그런데 성격이 좀 모났다. 사람들이 일을 시키기 부담스러워한다. 이런 사람들의 특징 또한 그 위로 잘 올라가지는 못한다. 조직책임자도 부담스러운 사람이니깐.

여섯째, 조폭같이 일하며 화끈하고 의리 있는 사람

일을 시키면 듬직하다. 뭔가 최선을 다해서 처리해 줄 것 같다. 의리도 있다. 충성 모드다. 나가서 칼이 되어 싸울 줄도 안다. 바로 밑에 있는 사람들을 짜내어서라도 어떻게든 만들어온다. 만약 실패 하더라도 조직 책임자 입장에서는 최선을 다한 모습이 보였기 때문에 격려로 마무리 해준다. 이런 사람들은 자기 윗상사가 잘 되면 잘 될 수록 탄탄대로다.

마지막으로, 사내 정치 참 잘하지만 동료 팀원들에게 인기 없는 사람 이 있다.

쉽게 말해서 윗사람에게 말을 잘하고 아부하는 스타일이다. 일을 그다지 잘하지는 못하지만, 윗사람이 시킨 일은 어떻게 해서든 완수하려고 한다. 밑에 사람들을 짜내어서라도. 밑에 사람 입장에서는 같이 일하기 힘든 스타일이다. 갑자기 돌변하기 때문이다. 윗사람한테는 무조건 충성할 것처럼 하면서 자신의 성과를 위해 어떻게든 밑에 사람을 시키면 시키는 대로 하라는 식으로 대하기 일쑤다. 하지만, 처음엔 동료들 그리고, 부하 직원에게 시기와 기피를 불러일으키나, 그 사람이 승진하며 잘 됐을 땐, 또 언제 그랬냐는 듯 존경 모드가 되기도 한다.

조직에는 많은 다양한 유형들이 있지만, 여기서는 내가 기획자로서 바라본 몇 가지만 적어보았다.

그럼 이 중에서 누가 승진을 하고 회사에서 오래 살아남을까? 나는 여섯번째 유형과 마지막 유형이라고 생각한다. 현실적으로 봤을 때, 조직을 관리하는 보스의 입장에서는 시킨 일을, 시킨 대로 완수하는 사람을 더 예쁘게 볼 수밖에 없다. 일을 아무리 완벽하게 잘하더라도, 자기 통제 범위 밖에 있는 사람은 리더가 기피하는 스타일이다.

> **기획자로 승진하는 한 줄 팁 1.**
> **주어진 일을 완벽히 해낸다.**

반면에 아부를 하면서도 일을 완수하는 스타일은 자신이 보스에게 받은 일을, 이렇게 일 잘하는 사람에게 다시 맡겨서 처리해서 완수를 하기 때문에 보스 입장에서는 신경쓸 필요가 없고 일의 결과물은 좋기 때문에 이 사람을 더 신뢰할 수밖에 없는 것이다.

사람마다 회사를 다니는 동기는 다르다. 어떤 사람은 '나는 이 정도면 만족해'라고 생각할 수도 있고 어떤 사람은 '가늘고 길게만 살아남자'라고 생각할 수도 있다.

"대기업 기획자로 일하면 뭐가 달라요?"

대기업 기획자로 오래 일했다고 하면 주변에서는 이렇게 묻는다. 대기업이 중소기업과는 다른 문화와 업무 환경을 갖고 있기에 갖는 궁금증일 것이다. 요즘 대기업은 예전과 많이 달라졌다. 철저한 상명하복의 문화, 매일 반복되는 야근 등 대기업 하면 떠오르던 이미지가 바뀌었다.

이는 정부의 정책이 가장 큰 영향을 주었는데 대표적으로 주 52시간 근무제, 탄력근무제, 직장 내 괴롭힘 방지 등의 정책으로 인해 문화가 많이 바뀌었다. 자신이 원하는 시간에 출근하고 퇴근하는 탄력근무제는 나를 포함해 구성원들 모두가 '이게 정말 될까' 우려하던 부분이기도 했는데, 지금은 정착이 완전히 되었다. 이제 막 입사한 신입사원도 11시에 출근해서 밤 8시에 퇴근하는 등 자신이 원하는 시간대를 선택해서 일할 수 있게 된 것이다.

여기에 최근 코로나로 인한 비대면 재택근무가 시작되면 근무 환경은 굉장히 유연해졌다는 게 내 생각이다. 자유로운 근무 환경으로 바뀐 건 맞다. 그런데 업무 시스템을 들여다보면 여전히 폐쇄적인 구조를 갖고 있기도 하다. 보고 체계 역시 중간 관리자의 역량을 인정하기보다는 상사의 컨펌을 받는 구조로 돼 있다. 이는 스타트업과 달리 대기업은 의사 결정에 따른 리스크를 충분히 분산하는 것이 중요하기 때문이다. 예를 들어서 어떤 사업 보고서 하나를 작성한다고 하면 보고 체계는 팀-담당-그룹-본부-CEO 등 최소 6단계 이상의 검토를 거쳐야 한다.

개선이 필요한 업무 프로세스

기획 담당자가 자신만의 설득력 있는 자료로 사업기획서를 만들었다고 해도 이것이 다음 단계의 검토 절차가 되리라는 보장은 없다. 예를 들어서 어느 조직이나 실무자의 보고서를 1차 검증하는 팀장이 있게 마련인데, 이 팀장이 저마다 성향이 다르기 때문에 내가 보고한 자료 역시 팀장 스타일에 따라 달라질 수밖에 없다. 팀장의 생각이 나와 같다면 보고서는 그대로 윗선에 보고되겠지만 대부분은 팀장 본인의 스타일에 따라서 보고서를 수정하는 게 일반적이다.

이렇게 보고서가 몇 번 손을 거치게 되면 나중에는 실무자가 애초 생각한 기획안과 전혀 다른 보고서로 바뀌게 된다.
또 만약 팀장의 피드백을 거쳐 담당 보고에서 수정 사항이 발생하면, 다시 처음부터 담당이 요청하는 대로 다시 수정한다. 그리고 팀장한테 다시 피드백 받고 또 다시 담당에게 넘어간다. 그리고 담당을 거쳐 그룹장에게 보고하게 되고 또 피드백이 생기면 다시 팀장-담당-그룹장까지 보고를 진행하게 된다. 담당자는 정말 죽어나는 것이다. 물론 이렇게 보고 체계가 단계별로 되어 있는 것이 효율적일 때도 있지만 신사업 기획 분야에서는 실무자에게 어느 정도 권한과 책임을 주고 움직이게 만드는 것이 나을 때도 있다. 이러다 경쟁사에 다 뺏기는걸 수도 없이 봤다. 오랫동안 대기업에서 일해온 내 생각을 말하자면, 대기업에서 살아남고 승진하는 방법은 바로 윗선의 실무자를 잘 만나는 것이다.

특히나 실무의 1차 관리 권한을 가진 팀장을 잘 만나면 직장생활이 수월하다. 팀장이 모든 일을 함께 리딩해주고 힘든 점을 함께해주는 사람을 만나면 더없이 좋다. 그러나 이렇게 좋은 사람을 만나는 것도 행운이다.

어떤 팀장은 윗선에 아부를 하기에 바빠서 팀원들의 실무는 아랑곳없이 일만 벌이는 경우가 있다. 이렇게 되면 팀원들은 고생은 고생대로 하고, 업무 결과는 드러나지 않는다. 그래서 대기업 사원들끼리는 속된 말로 '무식하고 열심히 하는 팀장이 최악이다'라는 말도 돈다.

기획자로 승진하는 한 줄 팁 2.
좋은 조직책임자를 만나는 것이 8할 이상이다.

대기업과 중소기업의 차이

그러면 대기업과 중소기업의 가장 큰 차이는 뭘까? 최근 중소기업도 대기업만큼 이상의 복지와 연봉을 제시하는 회사도 많지만 대체로, 대기업은 연봉과 복지가 좋고 , 중소기업은 연봉과, 복지가 상대적으로 열악하다 중소기업의 경우 사람이 곧 재산이다. 좋은 인재를 보유하고 있는 것이 중소기업의 능력이자 힘인 것이다. 인프라와 시스템이 갖추어져 있지 않은 상황에서는 이렇듯 몇몇 인재의 힘으로 회사가 운영된다고 해도 과언은 아닌 셈이다.

그래서 중소기업에서 엘리트로 인정받는 건 상대적으로 쉬운 일이다. 일을 잘하면 곧바로 인정받는 곳이 바로 중소기업이기 때문이다. 능력이 있는 직원은 그래서 편하게 회사 생활을 할 수 있다. 기업 전체의 체질로 보자면 중소기업은 투자할 여력이 상대적으로 부족하다. 많은 중소기업이 1억을 투자하는 것도 쉽게 결정하기가 어렵다. 반면에 대기업에서는 1억 투자는 팀장과 담당 직원의 보고서 한 장이면 곧바로 자금 집행이 가능해진다. 쉽게 말하면 중소기업은 사람이 힘인 반면, 대기업은 시스템이 힘이다.

예전 미국 대선에서 트럼프가 승리했을 때 우려를 표명했던 사람들이 많았다. 곧 전쟁이 일어날 것이다. 경제가 망할 것이다. 등등의 소문을 퍼트리며 말이다. 하지만 미국의 속사정을 알고 있는 전문가들은 말했다. 시스템이 트럼프의 잘 못된 생각을 방어해 줄 것이라고.

대기업도 마찬가지다 바로 시스템이 대기업을 유지 시키는 부분이 크다.

대기업에서는 사람이 유일한 경쟁 자원은 아니기 때문에 한 사람이 빠져도 회사는 아무 일 없었다는 듯 돌아가게 되어 있다. 조금 더 냉정하게 말하자면 어떤 사원 한 사람은 수만 명의 사원 중 한 명일 뿐인 것이다. 반면에 중소기업은 개인의 권한과 재량이 크다. 스타트업은 더더욱 그렇다. 그래서 도전의식이 강한 사람일수록 대기업에 지원했다가 중소기업에 지원하고, 그마저 뜻대로 안 되면 스타트업에 가는 것이 일반적인 구조다.

나 역시 중소기업에서 잠시 일해봤던 터라 중소기업의 장단점을 잘 알고 있다. 중소기업은 대부분 대기업의 하청을 받아서 일을 하기 때문에 노동력이 두 배 이상 들 수밖에 없다. 이 때문에 소수의 엘리트를 제외하고 대부분의 직원들은 제대로 된 보상을 받지 못한 채 희생양이 되기 쉽다. 업무의 프로세스를 개인이 모두 해결해야 하기 때문에 일하기 힘든 구조이다.

반면 대기업은 시스템과 프로세스가 갖춰져 있어서 일의 효용과 성과가 좋다. 개인이 죽을 힘을 다해서 일하지 않고 시스템의 힘으로 돌아가기 때문에 개인의 업무량이 중소기업에 비해 많지 않다. 하지만 대기업은 독특한 내부의 생존논리가 작동하는 곳이다. 대기업에 오래 근무한 사람들이 흔히 하는 말이 '대기업은 라인이 중요하다'는 것이다.

쉽게 말해 공장처럼 시스템으로 일을 하는 곳이기 때문에 라인을 잘못 타면 불행해진다. 만약 내 팀원이 맡긴 일도 못한다면 그 일은 내가 다 해야 할 수 있다. 그 팀원이 내 라인에 한 번 들어오면 대체가 어렵기 때문이다. 반면에 부하 사원이 시킨 일뿐만 아니라 시키지 않은 일까지 척척 알아서 해준다면, 훨씬 시스템을 운영하기가 쉬울 것이다.

초고속 승진하는 대기업 기획자의 특징

대기업에서 승진을 가장 빨리 하는 기획자들은 이렇듯 사내 정치 뿐만 아니라 순발력이 있고 일을 잘하면서, 항상 통찰력을 갖고 일하는 사람들이다. 그렇지만 이 사람 역시 자신이 일을 잘해도 직속 보스가 일을 탈선해서 삐끗하게 되면 하루아침에 라인이 사라지게 되니 리스크가 없다고 보긴 어렵다. 한 번 라인에서 이탈해서 새로운 라인을 타기도 어렵다. 이미 좋은 보스와 함께 일하는 자리는 만석일 가능성이 높기 때문이다. 이런 점에서 보면 라인도 운이라고 할 수 있다. 같은 회사 안에서도 보면 어떤 사람은 라인을 잘 타서 성공가도를 달리는 가 하면, 그러다가도 라인이 망가져서 갑자기 꺾이는 경우도 있으니 말이다.

> 기획자로 승진하는 한 줄 팁 3.
> 어떤 라인을 선택할 것인지 신중히 판단하라.

아무리 능력이 뛰어난 사람도 라인 하나에 출세가 좌우되는 부분이 있어서 대기업에서는 라인이 성공의 필수요소라고 볼 수 있다. 만약 어떤 기획자가 대기업에서 정말 큰 성공, 임원급으로 잘 나가고 싶다면 일을 잘하는 것은 물론이고 어떤 라인을 선택할지 신중하게 선택해야 한다.

한 번은 중소기업에서 경력직으로 이직을 한 A과장이 있었다. 그 사람은 해당 분야에서 전 직장에서 인재로 대접받고 연봉도 많이 받던 사람이라서 나름대로 자부심을 갖고 회사에 와서 자리를 잡았다.
그런데 이렇게 중소기업에서 경력직으로 이직하는 사람들이 모두 일을 잘하느냐면 그렇지 않다. 대부분 이전 직장에서 스타로 대우받던 사람들이고 자기 능력치에 대해 의심하지 않기 때문에 이직을 한 이후에도 자신이 일을 잘해낼거라고 믿는다.

하지만 경력직 사원들을 오래 보아온 나 같은 사람들은 걱정을 먼저 한다. 대기업은 일을 아무리 잘해도 라인을 잘 타고 그 시스템에 맞게끔 퍼포먼스를 내야만 성공하는 구조라는 걸 누구보다 잘 알고 있기 때문이다. 이전 직장에서 아무리 잘 나갔던 사람이라도 대기업이라는 조직 구조 안으로 들어오는 순간, 대우를 제대로 받지 못한다.

이렇게 말하니까 대기업의 안 좋은 점을 지적하게 되는 것 같은데 그럼에도 불구하고 대기업의 강점을 하나 꼽으라면 고용 안정성이라고 생각한다. 중소기업은 망할 수 있지만 대기업은 어지간해서는 망할 일이 없다. 그리고 대기업에 한 번 입사하면 큰 문제를 일으키지 않은 한 회사에서 해고될 염려가 없다.
설령 그 사람이 조직에서 잉여인력에 불과하다고 해도 말이다. 어떻게 보면 이 부분을 많은 사람들이 대기업의 메리트라고 생각하는 것 같다. 기업에 꼭 필요한 존재가 아니면 금방 해고의 위험이 닥치는 중소기업과 달리 적당히 보조만 맞춰줘도 월급이 나온다는 점 말이다.

물론 조직 전체의 관점에서 이런 잉여인력은 손실이긴 하지만 개인의 입장에서는 더 없이 편한 구조라고 볼 수 있다. 아무 욕심 없이 조직에 잘 기대어 갈 수 있는 성향이라면 말이다. 아마 평생 직장을 찾는 사람에게는 대기업이 안정적으로 월급을 받기에는 더 없이 좋은 구조라고 할 수 있다. 요즘은 최고의 직장으로 공무원이 꼽히지만 대기업은 공무원에 비해 근무여건이나 임금, 복지 등의 조건이 훨씬 좋다.

또 대기업에서 일하면 공무원처럼 민원에 시달일 일이 거의 없다. 최근에는 직장 내 괴롭힘 방지법이 생겨서 사내에서 따돌림을 받는 이슈도 거의 사라졌다고 본다. 어떤 사람이 조직 내에 적응하지 못해서 타 부서로 이동하고 싶다고 해도 그의 의사를 존중해서 부서를 옮기도록 도와주기도 한다.

대기업은 가는 사람을 잡지 않는다

대기업은 노조가 없다고 생각하는 분들이 많지만, 최근에는 Z세대가 입사한 이후 노조가 없었던 기업들도 속속 노조가 탄생하고 있다. 이렇게 노조가 생기면서 기업 내 노동 인권이 더욱 엄격하게 보호받는 상황이 되었다. 한 번 들어온 사람에게는 정말 잘해준다. 그런데 혹시라도 내가 퇴사 의사를 밝히면 어떻게 될까?

경우에 따라 조금 다를 수는 있겠지만, 내가 경험한 바로는 대체로 중소기업은 인력이 자산이기 때문에 어떤 사람이 그만둔다고 하면 한 번쯤은 회사에서 만류를 하게 된다. 하지만 대기업은 이 부분에 대해서는 칼같다. 가겠다는 사람은 잡지 않는다. 시스템적으로도 사표를 내면 바로 접수 되어 짐을 싸기 시작하면 된다. 이런 부분들을 종합적으로 따져보면 대기업은 참 냉정한 조직이라는 생각이 들기도 한다.

스타트업은 어떨까?

스타트업에 입사하는 사람들은 돈 때문에 직장을 선택하는 것은 아니다. 그들은 비전을 본다. 그것은 신기술에 대한 비전일 수도 있고, 스타트업 CEO에 대한 선망일 수도 있고, 향후 상장이나 M&A를 통한 기업가치를 기대할 수도 있다.

그래서 스타트업의 연봉은 높지 않다. 예전에 청년들의 열정을 노동력 삼아서 제대로 된 임금을 주지 않는 기업과 관련해 '열정 페이'라는 말이 유행했던 적이 있는데, 내 생각엔 진정한 열정 페이는 바로 스타트업 근무가 아닐까 싶다. 하지만 명심해야 할 부분은 스타트업은 쪽박 아님 대박이다.

STEP 11

대기업 기획자로
오래 살아남는 법

기획자에게 꼭 필요한 소양 중에서 나는 체력 관리를 가장 우선으로 본다. 모든 분야가 그렇겠지만, 특히나 기획자는 평소에도 모든 경험과 습득이 자산으로 되기 때문이다. 평소에도 워커홀릭이어야 한다. 사업의 성패가 실무 기획자에 달려 있기 때문이다. 이 사실을 즐겁게 받아들이는 직업이 바로 또 기획 일이다. 흔히 워커홀릭하면 밥도 제때 안 먹고 잠도 안 자고 일에만 중독된 경우를 말하는데 결코 이런 패턴을 가져선 안 된다.

워라밸이라는 말 여기에는 균형 잡힌 식사, 꾸준한 운동, 충분한 수면 시간이 포함된다. 이 3가지가 갖춰져 있지 않은 사람은 오래 갈 수 없다. 나도 이걸 뻔한 말로 한 귀로 듣고 흘려듣는 시절이 있었다. 기획자가 된지 얼마 되지 않아 폭풍처럼 몰려오는 일을 쳐내느라 파김치가 되어 있을 때, 한 선배가 나에게 말했다. "지금 제대로 일하고 있지 않다고." 처음엔 그 말을 듣고 화가 났다. 아니, 지금 내가 하루 3시간도 못자고 휴일도 없이 나와서 일하는데, 지금 내가 일을 제대로 안 하고 있다니.

그런데 나중에 선배 말이 사실이라는 걸 알았다. 체력 관리가 안 되자 똑같은 시간을 일해도 업무 효율이 현저히 떨어졌다. 규칙적인 식습관을 갖지 못하니까 아침에 자고 일어나도 몸이 무거웠다. 하루종일 피곤하고, 살은 쭉쭉 빠졌다. 그 동안에도 업무 시간은 하루 평균 10시간이 넘었었는데 일의 효율은 엉망이었다. 즉, 나는 몸만 책상 앞에 앉아 일을 하고 있었던 셈이다.

그 다음부터는 정신이 번쩍 들었다. 아, 이렇게 하다가는 내가 2~3년도 버티지 못하고 나가 떨어지겠다는 생각이 들었다. 한 마디로 공포스러웠다. 나는 몸의 흐트러진 밸런스를 회복하기 위해 노력했다. 식단을 바꾸고 매일 규칙적으로 운동을 하기 시작했다.

만사는 체력이다.

체력이 뒷받침되지 않으면 진정한 기획자로 거듭날 수 없게 된다. 체력이 약한 기획자, 자기관리가 되지 않는 기획자는 진정한 기획자가 아니라고 생각한다.

이렇게 자기관리를 시작한 이후 많은 것이 변했다. 특히 전과 비교할 수 없을 만큼 빠른 속도로, 많은 업무를 수월하게 처리할 수 있었다. 주변에서는 "하는 일이 한 두 가지가 아닌데 어떻게 하면 그렇게 지치지 않게 일하느냐"고 묻는다.

그러면 나는 이렇게 대답한다.
"저는 출근하기 전과 퇴근한 이후의 에너지량이 변동이 없어요. 즉, 퇴근한 이후에도 에너지가 항상 남아 있습니다. 그렇기 때문에 많은 일들을 진행할 수 있는 거죠."
멀티 플레이어가 멀티 플레이어일 수 있는 이유는 단 한 가지, 바로 체력이 받쳐주기 때문이라고 생각한다. 체력은 한계가 있지 않나요? 무한대로 체력이 넘치는 사람은 아무도 없을 테니까요. 맞는 말이다. 그래서 나는 여기에 한 가지 요소를 덧붙이고 싶다. 바로 긍정적인 마음가짐이다.

> 기획자로 승진하는 한 줄 팁 4.
> 긍정적인 마음을 가져라.

항상 긍정적인 마음을 갖는 건 체력보다 더 중요한 요소다. 지치지 않고 일을 하려면 탄탄한 체력이 있어야 하고 두 번째로는 긍정적인 마음이 있어야 한다. 기획자도 사람인 이상 체력이 언젠가는 떨어진다. 그때에 긍정적인 마음이 있으면 버틸 수 있다. 또 기획 일이라는 것이 대부분 미지의 영역을 탐험하는 일이다. 과거의 경험과 지식을 부수고 완전히 0에서부터 출발해야 할 때도 있다. 이때 이를 두려워하거나 거부하게 되면 기획자로서 성장할 가능성이 막히게 된다.

그래서 나는 환경 변화를 두려워하지 않는다. 개발자에서 기획자로, 또 지금은 계열사 내의 다른 회사에서 일하면서 이런 유연함을 갖게 되었다. 어떤 조직에서도 꼭 필요한 존재가 된다는 확신이 있기 때문에 부서 이동이나 회사 배치에도 두려워하지 않게 된다.

주변에서는 내가 원래 낙천적이고 긍정적인 성격이기 때문에 이런 마음가짐이 되는 것 아니냐고 묻는다. 하지만 긍정은 타고나는 것도 있지만 대개는 후천적으로 습득하는 태도이다. 그렇다면 우리가 물어야 할 질문은 무엇이 긍정의 태도를 몸에 배게 만드는가, 일 것이다. 나는 그 비결을 한 마디로 정리한다면 '성공 경험'이라고 본다. 즉, 크든 작든 성공을 많이 해본 사람이 어떤 일에 부딪쳤을 때 여기에 긍정적 요소만을 보고 이 일에 도전할 수 있다.

내가 아는 성공한 사람들 역시 모두 이렇게 말한다. 성공의 경험을 축적하는 것이 자신감과 긍정적 태도에 영향을 주었다고. 사람은 어떤 일에 임할 때 할 수 있다고 마음먹는 것과 그렇지 않은 것의 차이는 단지 종이 한 장 차이가 아니다. 그것은 하늘과 땅만큼 차이가 난다. 할 수 있다고 마음먹었을 때는 엄청난 에너지가 솟구치는 게 느껴진다. 만약 어떤 사람이 공부를 하는데 1등을 한 번 했었다면, 그 다음 시험에서도 이 사람은 1등을 할 수 있고 해야만 한다는 생각에서 긍정적인 마음을 강제로 탑재하게 된다.

긍정적인 마음이 성공의 8할

긍정적인 마음가짐의 중요성은 많은 자기계발서에서도 언급된 내용이라서 새삼 강조하는 것이 어색할 정도이다. 그런데도 나는 이 긍정의 마음가짐이 정말로 중요하다고 본다. 그 이유가 뭘까? 경험상 이렇게 긍정적인 마음가짐이 집중력과 끈기를 늘리는 데 큰 도움이 된다는 걸 알았기 때문이다. 매사에 항상 부정적인 마음가짐을 가진 사람을 본 적이 있는가?

이 사람들은 어떤 일이든 실패의 관점에서 우선 보기 때문에 부정적 에너지가 작동하기 시작한다. 그렇게 되면 집중력과 인내심이 떨어지고, 주어진 일을 실행하는 과정도 고통스럽게 된다. 회사에 출근은 했는데 일도 하기 싫고 지겹고, 괴롭다면 지금 내가 부정적인 감정 상태에 있는 건 아닌지 체크해볼 필요가 있다.

출근하자마자 지치는 기분이 드는 건 왜인가? 반대로 퇴근한 이후에 탈진 상태가 되는 건 왜일까? 부정적 태도로 인해 에너지가 소모된 상태이기 때문이다. 만약 이를 긍정적 에너지로 바꿀 수만 있다면 회사 나가는 것 자체가 즐겁고, 일이 재미있다. 회사에서 가는 시간이 아까울 정도로 말이다. 나는 이 차이가 무척 중요하다고 본다. 내가 일을 즐기는 것과 아닌 것의 차이 말이다. 이 결정적 차이를 만드는 근본 요소인 긍정적 태도를 만드는 게 바로 성공 경험이다.

그러나 크든 작든, 이 책을 읽는 독자께서 긍정의 마인드를 장착하려면 누적된 성공 경험이 필요하다. 이때의 성공은 반드시 거창하지 않아도 된다. 리포트를 기한 내에 완료하는 것, 동료의 부탁을 기분 좋게 들어주는 것, 나에게 맡겨진 일보다 더 많은 일을 해내는 것 등이 바로 성공의 지표다.

내 경우는 이러한 사소한 성공의 경험이 그동안 수십 번, 수백 번 누적되다 보니 이제는 어떤 프로젝트를 하든지 성공할 수 있다는 자신감이 꽉 찼다. 그리고 항상 긍정적인 마음으로 일을 할 수 있게 되었다.

노력하면 할 수 있게 된다

개발자로 일하던 당시, C#이라는 언어로 개발을 해야 하는 프로젝트가 있었다. C#은 C++에 기본을 두고, 비주얼베이직(visual basic)의 편의성을 결합하여 만든 프로그래밍 언어다. 그런데 이를 할 수 있는 사람이 팀내에 아무도 없다는 게 문제였다. C# 언어와 비슷한 C나 자바 등의 언어를 할 줄 알면서 C#을 못한다는 건 개발자로서 자존심이 걸린 문제이기도 했다.

프로그래밍 언어는 기본적인 포맷과 문법이 비슷하기 때문에 이 기능들을 얼마나 끌어다 쓰느냐에 따라 프로그래머의 기초적인 실력 차이가 난다. 당시 나는 C#으로 개발을 하는 것 자체는 그리 어려운 일이 아니라고 생각했기 때문에, C#을 일주일 동안 파고들면서 프로젝트에 필요한 작업에 도전했다.

계속된 밤샘 작업으로 몸이 피곤했지만 나는 내가 C# 언어를 마스터하리라는 것을 알 수 있었다. 나는 못한다는 마음가짐이 이미 실패를 염두에 둔 태도라고 보고, 할 수 있다는 태도로 개발에 박차를 가했다.

그리고 일주일 뒤에 개발자 회의가 열렸는데, 그때 내가 발표한 내용은 모두를 깜짝 놀라게 했다. 일주일 만에 내가 프로젝트에서 부여한 과제를 모두 실행해낸 것이다. 이 한 번의 성공으로 나는 동료들과의 실력 차이에서 몇 수를 앞선 사람이 될 수 있었다. 고작, 일주일의 차이가 만든 결과였던 셈이다. 이는 내가 개발자에서 기획자로 자리를 옮겼을 때도 빛을 발했다. 내가 다른 사람보다 앞설 수 있었던 건 단지 이런 작은 성공 경험의 누적이었다.

우리가 성장함에 있어서 가장 큰 함정은 무엇일까? 바로 의존성이다. 타인에게, 과거의 나 자신의 경험에 기대려고 하는 의존성이 우리들의 성장을 가로막는다. 나보다 경험과 나이가 많았던 선임 개발자들조차 기존의 개발 프로그램에 비해 난이도가 쉬운 C# 개발에 도전하지 않았던 이유가 뭘까. 그것은 어쩌면 스스로가 정해놓은 테두리, 한계가 아닐까.

이렇게 도전이라는 이름을 붙이지 않아도, 우리들의 업무는 매일 크고 작은 변화의 연속이다. 회사 내에서 부서를 이동하는 것, 매일 교통수단을 갈아타는 것, 평소와 다른 스타일의 옷을 입어보는 것 등 말이다. 기획 부서에 있다 보니 많은 사람들이 얼마나 일상 속 변화에 두려움을 느끼는 지 보게 된다. 기획 업무를 맡고 있는 사람 역시 조직과 업무가 갑자기 바뀌는 것에 대해 두려움을 갖고 있다.

나와 같이 기획 업무를 하던 한 동료는 헬스케어 사업부에서 일하다가 전기차 충전 사업으로, 그 다음은 메타버스 사업부로 업무를 이동했는데 그때마다 스트레스가 너무 심해서 탈모가 올 정도였다. 물론 갑작스러운 변화는 누구에게나 힘겹다. 하지만 한 사업을 하면서 경험을 얻었다면 이 경험을 바탕으로 새로운 사업에 도전했을 시 능력과 힘이 보태진다. 두려워할 필요가 없다는 얘기다. 더욱이 신사업이라는 것은 세상에 없던 사업을 하는 것이기 때문에 전문가가 거의 없다. 즉, 모두가 같은 출발선상에서 시작한다. 이 때문에 내가 다른 사람보다 약간만 앞서 달리게 되면 금새 전문가가 될 수 있다.

기획자로 승진하는 한 줄 팁 5.
다른 사람보다 반박자만 더 앞서면 된다.

다시 강조하지만 이때 필요한 것이 바로 긍정적 에너지와 지구력, 그리고 집중력이다. 나는 이것을 성공을 위한 3가지 필살기라고 부른다. 이 3가지가 있다면 반드시 신사업 분야에서 성공할 수 있고, 이렇게 성공 경험이 누적될수록 발상의 전환을 만들기가 수월하다.

지금 만약 누군가에게 우주선을 타고 화성에 가보라고 하면 두려울 것이다. 한 번도 화성에 우주선을 타고 가본 사람이 없기 때문이다. 만약 지금 누군가에게 제도적인 것을 떠나, 드론을 공짜로 주고 출퇴근하라고 하면 어떨까? 역시 막상 타면 살짝 두려울 것이다. 한 번도 해본 사람이 없고, 선례가 없기 때문이다. 그러나 누군가는 선례를 만들 것이고 이것이 대중화되면 그 두려움은 금방 사라진다. 그 분야가 실제 두려움의 요소를 갖고 있다고 해도 막연한 두려움은 아닐 거라는 얘기다. 아마도 우주선을 몇 번 타본 사람은 그 경험을 통해 우주에 대해 긍정적 에너지를 갖고 새로운 사업을 구상하지 않을까? 얼마 전 우주에 다녀온 아마존 회장 제프 베조스는 조만간 즐거운 마음으로 더 먼 우주여행에 도전할 것이다.

반복된 성공 경험이 두려움을 없애주고, 긍정적 사고를 심어줄 수 있다. 그리고 이것이 곧 성공의 패턴이 된다.

누구나 이 경지에 한 번에 닿고 싶어 한다. 욕심 같아서는 단번에 이 단계로 가고 싶은 게 사람 마음이다. 그러나 불가능하다. 이 과정에서는 반드시 실패가 동반된다. 실패 좀 하면 어떤가? 실패를 통해서 경험을 축적하고, 이 경험이 성공의 밑거름이 된다는 건 이미 동서고금을 막론하고 검증된 원리다. 나 역시 경험을 통해 이 원리를 습득했고 지금은 이게 진실이라는 걸 믿는다.

STEP 12

대기업에서 퇴사하고도 살아남는 법

내가 주변에 이 책에서 쓴 얘기를 하면 "들을 땐 알겠는데 막상 실천하려고 하면 어렵다"라고 말하는 분들이 많다. 생각보다 실천이 어렵다. 그렇다면 왜 생각은 쉬운데 실천이 어려울까? 우리는 그 이유를 찾아야 한다. 내가 내린 결론은 이렇다. 혼자서 생각을 완전히 통제하고 책임지는 시간이 부족해서이다.

나는 혼자 있는 시간을 참 많이 갖는다. 그 이유는 혼자서 문제를 해결하는 시간 속에 답을 발견할 때가 많기 때문이다. 신사업은 물음표가 계속해서 따라붙는 복잡한 퍼즐과 같다. 해결점이 나올 때까지는 계속해서 내가 내린 판단에 물음표가 따라붙는다.

이번 신사업의 본질적 가치는 무엇인가? Key 파트너는 누구인가? Payer는 누구인가?

우리가 한다면 시장성을 갖출 수 있는가?

내부 기술력으로 해결할 수 있는가? 당장 내부에서 해결할 수 없다면, 누가 해결해 줄 수 있을까?

기존 경쟁자들이 따라올 수 없는 차별성, 경쟁력이 있는가?
그 차별점을 독자적으로 유지할 위한 진입 장벽은 충분히 갖췄을까?
진입 장벽이 충분히 높다면, 시장 진입은 어떻게 할 것인가?
어디를 먼저 공략 해야 할 것인가? 어느 시점부터 투자 대비 수익이 발생할 수 있을까?

이렇게 꼬리에 꼬리를 무는 질문들이 계속되면서 각각의 질문에 대한 답을 찾는 과정이 어쩌면 신사업 기획의 정수라고 할 수 있다. 어떨 때는 너무나 이 화두에 몰입한 나머지 하루종일 아무 것도 안 하고 생각만 한 적도 있다. 이슈 자체가 거대하고 풀어야 할 과제가 복잡할 때는 내 스스로가 답을 찾지 못하고 지칠 때도 있다.

아무리 노력해도 안 될 때는 다시 머릿속을 비운다. 그리고 혼자서 하루종일 침대에 눕거나 거실에 앉아서 멍하니 있는다. 잠깐 머릿속을 비운 다음에는 다시 혼자만의 생각에 빠져든다.

이 과정이 반복되면 신기한 현상이 나타난다. 어느 순간부터 머릿속이 환해지면서 내가 풀려고 했던 문제의 답이 보이는 것이다. 이 과정이 어쩌면 너무 비약적으로 보일 수도 있겠다. 하지만 내가 아는 문제 해결사들은 모두 이런 방법으로 답을 찾곤 했다.
〈혼자 있는 시간의 힘〉이라는 책을 쓴 저자 사이토 다카시는 '혼자 있는 시간에 자신에게 휴식을 주고 상상력을 자극하면 풀지 못할 일은 없다'고 적었다. 혼자 있는 시간에 아무 것도 하지 않는다는 것은 멍하니 있는 게 아니라 계속해서 화두를 붙들고 생각을 하라는 뜻이다. 그렇게 문제를 어떻게 해결할지 상상하다 보면 반드시 그 문제에 대한 답이 나온다는 것이다.

이 과정을 러시아에서는 '트리즈'라는 교육 시스템을 통해 가르친다. 트리즈는 정형화된 시스템을 토대로 창의적인 어떤 아이디어를 얻는 방법이다. 예컨대 어떤 문제를 발명하는 데 문제가 있으면, 시스템에 새로운 요소를 도입해 구성요소의 속성을 변화시키는 방식이다. 이 방법을 적용시킨 결과, 2008년 러시아 소유즈 TMA-2호가 성공적으로 발사될 수 있었다. 참고로 한국에서도 트리즈협회가 있어서 이 사고법을 배울 수 있으니 참고하기 바란다.

나 또한 개발이나 기획을 할 때는 하나의 사물을 분석해보고 다른 것과 섞어보기도 하면서 새로운 원리를 찾아낸다. 이처럼 트리즈의 원리와 융복합적인 사고를 결합하면 다양한 가능 모델이 등장하는데, 이것은 문제를 다각도로 보면서 예상되는 해결점을 찾아가는 과정이다.

분해하고 나눠보고, 반복해보라!

트리즈를 통해 창의적 사고를 하는 사람은 곧잘 자신만의 발견을 특허로 낸다. 여기서 말하고자 하는 가장 중요한 부분은 다양한 시도를 상상해볼 수 있는 특정한 사물이나 문제에 대한 집중력을 발휘해서 생각하고, 분해하고, 바꿔보는 등 여러 각도에서 분석하는 습관을 기르자, 어느 날 마법처럼 문제에 대한 답이 찾아지는 경우가 많았다.

우리의 뇌는 정말 신기하다는 생각이 든다. 몇 날 며칠을 고민해도 답이 나오지 않던 것이 생각을 깊이 하면 답이 하나둘씩 쏟아져나오기 때문이다. 이런 방식으로 생각을 습관화하면 남들이 좀처럼 생각하지 못했던 분야에서 특허를 낼 수도 있다. 만약 회사에서 특허를 출원하라는 지시가 내려온다면, 어떻게 할까. 단 한 건의 특허도 내본 적 없고, 어떤 분야에서 특허를 출원해야 할지도 모른다면 말이다. 그런데 기획자인 나는 이제는 그 어떤 특허를 내도 시간이 걸릴 뿐 그리 어렵지 않게 낼 수 있다. 다만 상상력을 잘 발휘하기만 한다면 말이다. 내가 생각해도 참 재미있는 일이다.

신사업을 기획하는 기획자의 입장에서는 아직 무르익지 않고 전망성 있는 새로운 사업을 선구자적 역할을 한다는 점에서 신규 특허를 출원하기 좋은 위치에 있다고 할 수 있다. 아직 남들이 들여다 보지 못한 부분에 대해 먼저 살펴보며 좋은 아이디어에 대해 선도적인 전략 특허를 확보하기가 유리하다.

회사에 특허를 내면 어떤 점이 좋을까?

아마도 직무와 관련된 특허라면 특허를 출원할 때마다 수당이 지급될 것이다. 특허에 내 이름이 올라갔다면 그 특허가 사용된 기술이 판매될 때마다 일정 부문 로열티를 받을 수도 있다. 예를 들어보자. 컴퓨터의 전력을 효율적으로 관리해주는 '파워 매니지먼트'라는 기술이 있다. 이 프로그램은 마이크로소프트의 윈도우에도 들어가는데, 이 특허를 낸 사람은 회사로부터 주기적으로 로열티를 받게 된다.

단순히 몰입 교육을 받고 트리즈는 단순한 이론에 불과하다. 따라서 계속 훈련하고 반복해서 습관으로 만들어야만 한다. 몰입과 반복 훈련만이 자신감을 갖게 만든다. 신사업처럼 전무후무한 프로젝트를 할 때는 이런 부분이 매우 중요하다. 왜냐하면 진행 과정에서 예상치 못한 이슈들이 항상 발생하는 것이 바로 신사업 분야이기 때문이다.

신사업 추진 과정에서 어떤 문제가 발생하면 팀원들은 모두 기획자만

쳐다본다. 일을 벌여놓은 사람이 기획자이니 어떤 돌발 변수에 대한 답도 가지고 있을 거라 생각하는 것이다. 이때 문제에 대한 답을 만들어내는 기획자가 있다면 주변에 지지하는 동료들이 많아진다.
'이 사람과 일하면 항상 좋은 솔루션이 있다'라는 믿음을 주는 것이다.

이것은 내가 회사의 여러 협력업체인 스타트업과 일하는 방식이기도 하다. 스타트업 대표들은 내가 대기업 기획자 직함을 달고 있다는 것만으로는 나를 존경하지 않는다. 그들이 나를 존중해주는 이유는 내가 문제에 대한 답을 줄 거라 기대하기 때문이다. 한두 번이라도 그 기대를 저버리게 되면 그 존중은 곧 무시로 바뀐다.

스타트업은 문제와 해결 과제가 난무하는 곳이다. 그것은 비단 사업 내용에 대한 부분뿐만 아니라 인사 문제, 기업 가치 창출 문제 등 다양하다. 한 번은 이런 일이 있었다. 최근 코로나로 인해 기업 내에서도 비대면 회의 등이 많아졌다. 자연스럽게 구글밋이나 줌 등의 회사에서 개발한 화상 솔루션의 수요도 크게 늘었다. 그러나 이들 솔루션은 기업 입장에서는 보안의 위험이 있다. 회의에서 공유된 자료가 외부로 유출될 수 있기 때문이다. 예를 들면 화상 회의를 하는 과정에서 공유한 도면이 회의 참석자를 통해 외부로 유출될 경우, 만약 유출된 경로가 경쟁사라면 큰 문제가 된다. 누군가 회의 자료를 사진을 찍는 걸 막을 수도 없다. 그렇다고 화면 공유 없이 회의를 말로만 진행하는 것도 비효율적이다.

어떻게 하면 좋을까? 커뮤니케이션의 효율성이라는 온라인의 장점을 살리면서도 보안 문제도 해결하는 방법이 없을까? 나는 그 해결책으로 '블록체인'을 생각해봤다. 보안성이 탁월한 블록체인을 통해 화상회의를 하면 차별화를 만들어낼 수 있기 때문이다. 내가 이런 아이디어를 스타트업에 전달하자, 곧바로 솔루션에 대한 사업 기획을 했고 이 내용이 스타트업들이 참여한 경진대회에서 1위를 차지했다.

솔루션에 대한 간단한 피드백 한 번으로 나는 업체를 통해 전폭적인 신뢰를 얻게 되었다. 이런 조합을 계속 생성하다 보면 끝도 없는 신기술 개발이 가능하다. 스타트업 입장에서는 기술력은 분명 있지만 전문 인력이 부족하다거나 기술 개발 자금이 부족한 경우가 태반인데, 나는 이런 경우에도 사례에 맞는 지원 방안을 생각해냈다.
특히나 아이디어가 있지만 개발비가 부족해서 사업 추진이 안 되는 경우, 국가 사업을 잘 연결하면 내 돈을 쓰지 않고도 사업하는 것이 가능하다.

나는 실력 있는 기획자는 스타트업의 별이 될 수 있다고 본다. 연봉 1억을 주어야만 데려올 수 있는 개발자를 정부 자금을 끌어다가 2천 만원으로 고용을 하고, 신사업 아이디어를 낸 다음 그 과정을 어떻게 진행할지에 대한 솔루션을 만들어주고, 향후 판로 개척까지 책임지는 기획자를 신뢰하지 않는 업체는 없을 것이다. 이 모든 과정에 답이 숨어 있는데 일반적으로 기획자들이 이 답을 찾아내지 못하는 이유는 열정과 자신감이 부족하기 때문이라고 볼 수 있다. 기획자가 이 자질만 갖고 있다면 모든 사업 분야에서 새로운 결합을 시도할 수 있다고 본다. 그리고 어떠한 스타트업이라도 이 과정에서 참여하도록 만들어서 서로가 윈윈할 수 있는 구조로 설계할 수도 있다.

마법 같은 일이라고 생각하는가?

하지만 누구나 훈련만 되어 있지만 가능한 부분이다. 일에 대한 몰입, 자신감, 긍정적인 마음이 지속적으로 훈련되어 있으면 누구나 이런 경지에 오를 수 있다. 이 글을 읽는 독자께서는 내가 쉬고 있을 때도 상상이 머릿속에서 끊임없이 이어지는가? 자고 있는 동안에도 머릿속으로 일을 할 수 있는가? 궁극적으로는 일을 일로써 여기는가? 아니면 하나의 놀이라고 생각하는가?

성공한 CEO와 기획자들에게 물어보면 그들은 한결같이 자신은 단 한 번도 일을 해본 적이 없다고 말한다. 그들은 일을 놀이로써 생각했고 그로써 즐겁게 워커홀릭으로 살 수 있었다.

언제 어디서나 윈윈하라

사람과 사람 간의 관계를 생각해보자. 친구와 친구. 연인관계, 가족관계 등에서 갈등은 항상 불거진다. 감정과 생각을 주고 받는 과정에서 많은 변수가 생기기 때문이다. 그런데 기업 간 관계에서는 이보다 심플한 관계가 성립된다. 바로 윈윈이다. 거래의 기본은 이득을 줄 수 있느냐는 것이기에 기업 간 거래에서는 이득을 주는 사람이 항상 우위를 점한다. 관계가 흔들리지 않고 꾸준히 거래가 이어지게 되는 이유다.

그러면 거래 관계에서 상대방에서 항상 이득을 주기 위해서는, 내가 가지고 있는 에너지가 풍족해야 한다. 자동차로 비유하자면 기름이 항상 가득 찬 상태여야 한다. 어떻게 하면 내 안의 기름을 가득 채울 수 있을까? 나는 그 비결로 혼자 있는 시간을 꼽는다. 혼자 있을 때 나오는 에너지는 인간관계 속에서 얻는 에너지보다 크기 때문이다. 특히나 앞서 언급한 열정과 자신감, 몰입 등의 자질을 갖기 위해서는 혼자 있는 시간을 통해 채울 수 있기 때문이다.

물론 혼자 있는 시간의 중요성을 강조한다고 해서 아무런 자기관리 없이 그저 혼자만의 시간을 가지라는 뜻은 아니다. 체력 관리도 그만큼 중요하다. 기획자는 가끔 밤샘 업무를 해야 할 때도 있고, 앉은 채로 몇 시간씩 집중해서 일을 하는 만큼 체력이 떨어지지 않기 위해 노력해야 한다. 규칙적인 운동은 그래서 필수다. 매일 정해진 시간에 운동을 하는 것도 좋겠지만 바쁜 하루를 쪼개어 일상 속에서 운동하는 것을 추천한다.

예를 들어 이동 할때는 땀이 맺힐 정도로 빠른 걸음으로 다니거나, 계단을 주로 이용하는 식으로 말이다. 또한 주로 점심/저녁 식후 가볍게 혼자 주변 산책로를 빠른 걸음으로 규칙적으로 걷는 걷도 좋다. 또한 자가보단 대중교통을 이용하는 것도 추천한다. 저자도 자가를 주로 이용 했었다.사람의 몸이란 편한것에 길들여지는 것 같다. 앞에 100m도 걸어가기 싫어지는 모습을 발견하고, 패턴을 바꿨다. 지금은 대중교통이 상대와 약속을 지키거나 이동 중 개인적인 일을 처리하는데 시간을 보낼 수 있어 대중교통을 더 선호하게 되었다.

가진 도구를 이용해서 승리하라

대기업에서 일하는 사람은, 자신이 일하는 기업의 업무 스타일에 따라서 인맥의 스타일을 조율해야 한다. 같은 대기업이라도 회사마다 외부 협력업체와 관계를 맺는 방식이 다르듯, 그 기업에서 일하는 사람도 협력업체 사람들과 인맥을 쌓는 나름의 방식이 있다. 이 특성을 이해하지 못하는 사람은 회사에서 일할 때는 주변에 사람이 많지만, 퇴사를 하고 소위 말하는 '배경 효과'가 사라지면 인맥이 흩어지고 만다.

기업이 협력업체와 일하는 방식의 핵심은 예산 운용이다. 내가 일했던 회사의 경우, 소수 업체에 예산을 고르게 분배하는 스타일이 아니라 여러 업체에 고르게 예산을 나누어 그중에서 성과가 좋은 업체를 선택해 일하는 방식이었다. 리스크가 큰 산업에 속했기에 최대한 분산 투자를 했던 것이다. 이런 업종에서 일하는 기획자는 그러므로 인맥관계도 '분산 투자'의 관점에서 접근해야 한다. 몇몇 사람에게 모든 것을 걸기보다는 여러 사람과 친하게 지내면서 그들 각각의 특성과 장점에 맞게끔 영업을 하는 것이 중요하다.

이 방법이 너무 이기적이라고 생각될 수 있겠지만, '관계'아 아닌 '인맥'의 세계에서는 철저하게 이권이 중심이 된다. 즉, 얼만큼 내가 주고 상대에게 받을 수 있느냐의 관점에서 접근해야 하기에 인맥의 기본 전제는 '상대방은 나만큼 자기 중심적이다'라는 전제를 두고 접근하는 것이 좋다.

생각해보면 우리가 누군가를 만나는 것은 전부 어떤 목적이 있어서이다. 이런 이야기를 들어보았는가? 기부를 하는 이유는 자신이 행복과

편안함을 느끼기 때문에 기부를 하는 것이라고. 그것도 이기심이라고. 우리가 친구를 만들고 만나는 이유는 위안이 되고 즐거움을 느끼기 때문에 관계를 맺는다. 불편하게 들리는가? 그럼 이렇게 바꿔 생각해 보자. 만약 친구를 사귀었는데 친구가 만날 때마다 불편하다면? 자연스레 친구 관계가 정리되는 것처럼 말이다. 그렇다면 일과 사업의 관점에서는 보고 싶어서 만나는 것이 아니라 이 관계가 생산성에 초점을 맞추고 있다는 특징이 있다.

이 관점에서 내가 상대방에게 많은 것을 얻으려면 어떻게 해야 할까? 나는 그 특징으로 '먼저 주는 것'을 꼽고 싶다. 생각해보자. 사업상 관계에서 모두가 받기만을 원한다면, 모두가 아무 것도 얻을 수 없지 않을까? 그런데 상대방에게 먼저 준다면 어떤 효과가 나타날까? 무언가를 받은 사람은 심리적으로 상대방에게 보답하려고 한다. 그렇기 때문에 내가 상대방에게 필요한 것을 먼저 주면, 상대방 역시 나에게 필요한 것을 주려고 노력하게 되어 있다. 이것이 바로 윈윈 관계이다. 이것이 대기업 기획자로서 내 성공의 비결이다. 보통의 경우는, 기획자들이 협력업체에게 제안을 할 때 이렇게 한다. '내가 힘이 있으니 너희가 먼저 내게 무언가를 해줘. 그러면 내가 너희에게 이런 도움을 줄게.' 이것은 철저하게 먼저 받기를 원하는 관점이고, 이렇게 해도 통하는 이유는 이 사람이 대기업이라는 큰 배경을 등에 업고 있기 때문이다.

그런데 대기업에서 일하는 동안은 통했던 이 방식이 그 기획자가 퇴사를 하게 되면 더 이상 통하지 않게 된다. 후광 효과가 사라졌던 것이다. 그러면 이 기획자는 허탈감을 느끼고 자신의 능력이 생각만큼 높지 않았다는 점에 후회를 한다.

그러면 성공하는 기획자는 어떻게 하는가? 먼저 주면 된다. 나는 이것이야말로 파트너십이고 거래 상대방과 오랫동안 관계를 맺을 수 있는 비결이라고 본다. 먼저 줌으로써 신뢰를 쌓고, 상호 신뢰 관계를 토대로 더 큰 사업을 도모할 수 있기 때문이다.

부록

언제 어디서든 통하는
'업무 비법 필살기'

이 장에서는

내가 상위 1% 기획자로 일하면서 터득한 업무 노트의 내용을 질문 답변 형태로 정리해본 것이다. 이 책을 다 읽고 마지막으로 요약본을 얻고 싶은 기획자라면 필살기라고 생각하고 이 장의 내용만 참고해도 좋을 것이다.

**선배님,
기획을 할 때마다 결과가
좋지 않은데 이유가 무엇일까요?**

이렇게 되묻고 싶다. 혹시 혼자서만 잘하려고 하는 건 아닌가? 업무는 혼자 모든걸 짊어지고 한다는 생각을 버리자. 스스로 판을 짜는 사람이 되자. 그러기 위해서는 나만의 내부 그리고 외부 네트워크들이 필요하다. 즉 내 편이 필요하다. 개발의 경우, 주어진 업무 범위 즉 요구사항과 변화 상황에 맞춰 다소 Input – Output이 명확한 편이다. 하지만, 기획은 다르다. 혼자 절대 해낼 수 없다. 답이 없다.

답은 스스로 찾아야 한다. 아무리 슈퍼 기획자라 하더라도, 모든 영역에 전문가가 될 수 는 없다. 예를 들면 헬스케어라는 관점에서의 신사업 기획을 한다고 가정해보자. 지금까지의 회사는 전혀 헬스케어 사업을 해본 적이 없다. 헬스케어는 서비스 적인 측면도 더욱 강하다.

제조만 했던 기업의 입장에서는 먼저 편견들이 머릿속에 자리 잡는다. 답이 머릿속에 떠오르는가? 그것이 정답인가?

그렇다 혼자 판단하고 혼자 생각하고 움직일 수 있는 레벨이 아니다. 나를 뒷받침 해주고 나를 지지해주는 이해관계자는 대부분 없다고 보면 된다. 내부에서는 이미 제조 마인드가 자리 잡았기 때문이다. 그렇다면, 답은 하나다. 나의 우군들 내외부 네트워크를 활용하여 협력을 통한 생태계를 구축하고 개발해 내는 것이다. 그리고 깃발을 꽂고 달려야 한다. 그것이 정답이든 아니든.

신사업은 정답이 없다. 외부 네트워크를 이용하여 상호 간의 공감대를 형성하고 목표의 깃발을 꽂았으면, 달리자. 달리다 보면 생각치도 못한 데서 새로운 정답의 길이 보일 것이다. 기획자라면 실행에 있어서의 모든 힘은 네트워크에서 나온다는 것을 기억해둬라.

거래처를 활용해 기획의 퍼포먼스를 극대화하는 방법이 있을까요?

이 질문에 즉답으로 한 마디를 하자면 다음과 같다.
내부 외부 관계자들과 Win-Win 전략을 짜라. 판을 만들고 말들을 배치하라.

세상엔, 자신의 이익 없이 살아가는 사람은 아무도 없다. 특히 기업을 운영하는 사람은 그렇다. 무언가 이득이 있어야만 움직인다는 것도 명심해라. 나만의 판을 만들어 사람들을 내 판으로 데리고 오려면, 상호 윈윈 전략을 잘 짜야 한다. 그러려면, 위에서 언급했었던 것과 같이 이미 형성해 놓은 네트워크가 있다면 이를 잘 활용해야 한다.

이 전략을 통해 판을 만들고 말을 잘 배치하기 위해서는 먼저, 내부의 장점을 잘 파악 해 놓아야 한다. 브랜드인지, 개발 인력인지, 디자인 능력인지, 판매망인지, 특정 분야에 대한 영업력이 좋은지, 아니면 개발 가성비가 좋은지 등 을 먼저 파악해 놓아야 한다. 이것이 기획자의 무기다. 이 무기를 가지고 상대를 설득해야 한다. 이번 프로젝트를 위해 당신이 얻는 것이 무엇인지를 먼저 알려 주고 내 판의 말로 배치시키면 된다.

이미 독자들은 다 알고 있는 말일 수 있다. 나를 알고 적을 알면 백전백승이라는 말처럼 말이다. 그런데, 이것을 알고 있지만, 실행하는 사람은 거의 없다. 아는 것과 실행하는 것은 완전히 다른 얘기다. 이제 알고만 있지 말고 실행해라. 앞서 얘기 했지만, 기획은 실행력이 80%다. 아이디어와 문서가 중요한 게 아니다.

기존 Key player들을 통해 현장 목소리를 듣자.

다 필요없다. 무조건 약속부터 잡아서 만나라. 이미 어느정도 다 알고 있다는 편견을 버려라. 그리고 만나서 최대한 뒷얘기를 들어라. 최대 3개 업체 이상은 만나봐라. 연락해 보면, 생각보다 많이 만나 준다. 현장 Key player의 목소리 없이 좋은 기획력이 나올 수 없다는걸 명심해라.

**선배님이 생각하시는
기획의 핵심 요소가 무엇인지,
그리고 그에 맞는 경험이 있다면
들려주실 수 있나요?**

내가 회사 기획팀에 처음 합류했을 때 각 중요 부품별 기술 담당자를 두었던 팀장이 있었다. 아니, 기획팀에서 부품별 기술 담당자라니. 이해가 안되는 멤버들이었다. 기획자는 컨셉만 잘짜고 기획프로세스만 잘 수행하면 되는거 아니었던가? 내 생각은 아마추어였다. 기획자는 정보가 경쟁력이다. 기술 정보를 타 경쟁사보다 먼저 파악하고 찾아낼 줄 알아야 미래 특정 시점에 경쟁사보다 좋은 제품을 먼저 내놓을 수 있다. 특히 기술의 집약체라고 할 수 있는 스마트폰의 경우 누가 한달 더 빨리 내놓느냐는 성패를 좌우하는 지름길이다. 1mm의 두께 1mm의 좌우, 상하 베젤을 타사보다 줄일 수 있는 부품을 찾아내고 서비스를 찾아 낼 수 있는 정보력은 곧 그 사업의 성공이다.

하나하나에 집중해라 디테일에 승부가 나는 경우가 있다.

제품을 기획하든, 서비스를 기획하든 상용 서비스 또는 제품은 기획자에 따라 성공여부가 달라진다. 예를 들어 스마트폰의 경우 기획자가 곡선을 더 중요시 여긴다면 곡선이 많이 들어간 디자인과 개발된 제품이 나올 것이고, 기획자가 직선을 중요시 여긴다면 직선이 많이 들어간 디자인이 나올 것이다. 또한 제품 전체에 대한 부품 재료비를 줄이는 데 있어, 디스플레이를 중요시 여긴다면 고화질의 디스플레이가 들어갈 것이고, 디스플레이의 재료비가 늘어난 만큼, 카메라나 외관 재질에 대한 비용이 줄어들 것이다. 즉 기획자가 제품의 향방을 결정하는 경우가 많다. 하지만, 이렇게 말하는 사람이 있다. 위에서 시키는대로 했을 뿐이라고. 그건 정말 생각없는 기획자라고 밖엔 말 할 수 밖에 없다.

선배님께서 생각하는 실무자의 가장 중요한 자질은 무엇인가요?

가벼운 약속이라도 반드시 지켜라 지킬 수 없다면 지키려는 모습이라도 보여라

기획일을 하다 보면 다양한 사람들을 만나게 되고 미팅도 많아진다. 회의를 주재하게 되는 일도 많으며, 회의 석상에서도 주도적인 역할을 많이 하게 된다. 파트너간 부서 간 의견 조율이 잘 이루어지지 않을 때 기획자의 의사결정을 바라는 경우가 많다. 의사결정을 하게 되는 일은 그 사람들과의 약속을 하게 되는 것이며, 의사 결정된 방향으로 이끌어가야 할 책임이 생긴다. 그리고 그 책임 다할 때 기획자에 대한 신뢰가 생기며, 그 신뢰는 프로젝트의 성공을 끌어내는 원동력이 된다.

말 한마디에 천냥 빚을 갚는다는 말이 있다. 이 말은 어디에나 통용될 수 있는 속담이지만, 특히 기획자는 더 중요하다는 말을 하고 싶다. 파트너들과 그리고 내부 이해관계자들과 신뢰가 생겼을 때 비용을 적게 들이고 큰 성과를 가져올 수 있게 된다. 그렇지 않더라도 기획자가 요청한 디자인에 대해 디자이너가 옵션을 하나 더 만들어 와줄 것이다.(디자인은 외관 재질, 색상, 사이즈, 곡선 등에 따란 제품에 대한 느낌이 달라 보이게 된다.)

기획을 하다 보니
보고서 쓸 일이 많네요.
보고서를 잘 쓰는
특별한 방법이 없을까요?

보고자료는 스토리라인에 맞게 핵심 메시지만 있으면 된다.
보고자료를 잘 만드는 건 중요하다. 뭐라고 하진 않겠다. 그리고 엄청난 심사 숙고를 통해 단어 하나하나를 고르고 골라 워딩을 써넣는 것도 좋다. 어느 정도 업력이 있는 기업이라면 일반적으로 내부에서 사용하는 포맷이 있다. 그 포맷을 맞추어 보고하는 것도 좋다.

그런데 회사생활을 하며 정작 핵심이 빠진 보고서들을 수도 없이 보았다. 포맷을 맞추느라, 깔끔하게 잘 만드느라 단어 하나 하나를 심사숙고해서 써내려 가느라, 그런데 So What? 정말 시간 낭비고 아랫사람들을 괴롭히는 일이다. 보고서에 작성에 한 눈 팔며 죽어라 책상에서 아이디어 짜내며 심사 숙고 할 시간에 어떻게 사업을 성공시킬 수 있을까를 더 생각하거나 Key player 한 곳을 더 만나는 것이 시간을 save 하는 길이라고 본다.

포맷은 맞추면 된다. 내가 하고자 하는 일에 대해 명확히 판단만 선다면 보고자료 만드는 건 프레임에 맞게 잘 갖다 넣기면 하면 된다. 스토리 라인은 다 똑같다. 보고자료 작성법 관련 책은 서점 가면 많지만, 결국은 다 비슷하다. 왜 이 사업을 해야 하는지?(사업의 배경, 시장성) 자사는 잘 할 수 있는지(자사 및 경쟁사 현황), 사업을 하게 되면 무엇을 할 것인지?(자사의 기회 영역) 그리고 투자 대비 얼마나 벌 수 있는지(매출 시뮬레이션), 사업을 시작하면 어떻게 해 나갈 것인지(생태계 구축 방법, 연도별 사업 확장 및 리소스 투입 계획) 이것만 기억하면 된다. 어려운가? 좀 더 쉽게 풀어서 얘기 하자면, 왜 이 사업을 해야 하지? 돈은 될까? 어떻게 하면 되지? 리스크는 무엇인지? 등의 내용을 표현하면 된다.

이렇게 얘기하는 이유는 빽빽하게 글을 담아서 예쁘고 깔끔하게 아무리 자료를 잘 작성해도 의사결정자들은 보고서 하나하나 워딩을 이해하며 정독 하는 사람은 한 번도 못봤다. 하루에도 수십 개의 보고를 받는데 하나하나 어떻게 다 읽겠는가? 단지 핵심 메시지와 전체 아웃라인만 보고 판단한다. 쓸데없는 데 시간 허비하지 말라고 충고 하고 싶다.

기획자로 나날이 발전하기 위해서 꼭 필요한 자질 하나를 꼽아주신다면 어떤 게 있을까요?

실력있는 기획자는 밤낮없이 일하는 자유로운 영혼이다.
이 책에서 나는 기획자는 트렌드를 읽어야 하고 항상 고객의 입장에서 생각해볼 수 있는 상상력을 키워야 한다고 했었다. 그리고 주관은 있되 생각은 열려 있어야 한다. 굉장히 어려운 말이다. 기획자가 자신의 생각이 없으면, 상대를 설득하기 어렵다. 내 판으로 사람들을 끌어들이기도 어렵다. 하고자 하는 일에 대해 어느정도 판이 읽히고, 기회를 포착했다면, 확신을 가져라.

낮에도 밤에도 사람들을 많이 만나고 대화를 나눠라. 그리고 사람들이 어떤 생각을 갖고 있는지에 대해 호기심을 가져라. 예전에 난 이런 생각도 했었다. 소개팅을 하더라도 마음에 들고, 안 들고를 떠나 상대방도 세상을 몇 십년 간 살아온 경험자로서 나는 그 상대와 대화를 통해 하나의 책을 읽는 것과 같은 느낌이었다.

만나는 사람마다 자신의 아이디어를 설명해주고 의견을 들어라. 그리고 상대를 실제 고객이라고 생각하고 설득하듯이 설명해 봐라. 10명중 몇 명이 맞장구를 쳐주는가? 대부분 나와 개인적으로 만나는 사람들은 나에게 호의적인 사람들이다. 그런 사람들 조차 설득 못하면 안된다.

혼자만의 시간을 즐겨라. 조용히 혼자만 생각할 수 있는 공간을 만들어라. 창의성은 사람들과 말하는 과정에서 구체화되고 아이디어가 나올 수도 있지만, 사람들을 만나는 동안에는 에너지가 외부로 쏠리기 때문에 스스로 깊이 있는 생각을 할 수 있는 상상력을 펼치기는 어렵다.

사내 선배들과 협업하는게 참 어렵습니다. 혹시 선배들과 일한 좋은 협업 사례 하나만 예로 들어주실 수 있나요?

그 말을 들으니 K부장이 생각난다. 이 분은 참 재밌는 분이었다. 회사에서 얼굴을 보기도 굉장히 힘들었다. 내부 일처리를 위해 전화 하면 항상 외부 미팅 중이었고 그렇지 않으면 해외 출장중이었으니까.

일주일에 겨우 한 번 볼까 말까 했던 사람이었다, 팀장을 비롯한 상무님도 이 사람을 존경하고 있었다. 그 순간 이 사람은 도대체 무슨 일을 할까, 하는 호기심이 들었다.

그러다 정말 우연한 기회에 H부장이랑 외부에서 K부장과 같이 하는 회의에 참석하게 되었다. 그 자리에는 여러 회사 대표들 뿐 아니라 방송사 담당자도 같이 있었다. 가상현실 협력 회의를 하는 자리였다. 그런데 회의를 하는 중간중간 의사 결정 포인트에서 주요 인사들이 K 부장만을 쳐다보는 것이 아닌가? 그가 하는 말만 기다리고 있을 정도로 그의 의견이 중요하다는 뜻이었다.

시간이 지나 이제야 생각해보면 그는 협력의 판을 짜는 분이었다. 한마디로 원윈을 창조하는 마법사라고 할까. 그 당시 자사는 가상현실기기를 만들었는데 다양한 컨텐츠가 필요한 상황이었다. 하지만 가상현실 서비스의 성공에 대한 확신이 없는 상황에서 컨텐츠에 천문학적인 투자는 어려운 상황이었다.

하지만 중소기업의 입장에서는 각자의 니즈가 있었는데 독자 컨텐츠를 보유하고 있는 기업은 해외 진출에 대한 니즈가 있었고 또 어떤 기업은 신규 컨텐츠를 제작하기 위한 비용이 필요했다.

방송사 입장에서는 신사업에 대한 니즈와 더불어 신사업을 위한 자본이 필요했다. K부장은 이러한 니즈를 가지고 있는 주요 기업들을 모아, 컨텐츠와 자본금이 필요한 기업에게는 국가 지원 사업을 통한 비용을 지원 받을 수 있는 계기를 마련해 주었고, 글로벌 진출이 필요한 기업에게는 자사 기기에 탑재를 통해 공동 진출을 할 수 있는 판을 마련해 주었다.

그리고 국가 지원 기관 입장에서는 국내 중소 컨텐츠 기업이 경쟁력 있는 컨텐츠를 제작 하여 국내 굴지 대기업들과 공동으로 K컨텐츠 진출을 위한 발판을 마련해 줄 수 있었다.

결국 자사 입장에서는 다양한 컨텐츠를 비용하나 들이지 않고 자사기기를 사용하는 고객들에게 풍성한 컨텐츠 서비스를 제공할 수 있었다.

실로 모두에게 이익이 되는 판이지 않은가? 더불어 방송사를 통해 홍보또한 지원 받을 수 있고 말이다.

이것이 바로 윈윈이다. 모두가 함께 할 수 있는 파트너쉽인 것이다. 이 분은 비즈니스상대와의 모든 대화에서 이를 기반으로한 사업을 만들 줄 아는 사람이었다. 그러한 커뮤니케이션 스타일이 몸에 배어 있던 것이다.

나에겐 정말 행운이었고 이분을 따라 옆에서 실제로 보고 듣고 경험 할 수 있는 기회였다. 세상의 모든 사업은 혼자 할 수 없다. 특히 예전과 달리 복잡한 사업 구조에서는 더욱 그렇다.

이런 제스쳐와 생각 마음 가짐이이 몸에 베어야 비로소 파트너들과 사업을 성공적으로 이끌 수 있는 것이다.

독자들도 명심 했으면 좋겠다. 혼자 하는 것이 아니다. 사업은 파트너들과 같이 하는 것이다.

에필로그

계속 공부해라 그리고 당당해져라.
기획자가 프로젝트의 전체 그림을 이해하고 있지 않으면 그 프로젝트는 망한다. 디테일하게 하나하나에 집착하지 마라. 본질에서 벗어나지 말고 중요한 핵심만 알고 있으면 된다. 필자는 개발팀에서 기획팀으로 옮기고 나서 회의 참석이 잦아 졌는데, 회의가 너무 싫었다. 참석을 하더라도 나는 한 마디도 못했다. 궁금한게 너무 많았지만 다른 사람들은 다 아는데 나만 모르는 것 같아 회의 진행에 피해가 될 것만 같았다. 용기도 나지 않았다. 지금까지 회의에서 내가 맡았던 개발업무 외에는 한마디도 안 해왔던 내가 지금은 회의를 주도하고 있다.

당신은 기획자다 그 프로젝트를 리딩해야 하는 사람이다. 해당 프로젝트에서 오가는 용어, 기술, 내용 전체를 알고 있지 못하면 그 프로젝트는 성공할 수 없다. 회의에서도 당당해져라. 궁금한건 뻔뻔하게 물어보라. 그리고 회의 이후에도 계속 공부해라. 처음엔 조금의 쪽팔린 무식함 모여 프로젝트 끝에는 최고 전문가가 되어 있을 거다

변화를 즐겨라.

특정 조직 그리고 이미 적응해 버린 환경에서 벗어나는 일은 인간에게는 큰 스트레스로 작용한다. 나에게 호의적인 사람들 익숙한 일에서 벗어나 낯선 사람들 익숙하지 않은 일을 배우며 어리숙한 모습이 보여지는 것은 누구나 좋아하는 모습이 아닐 것이다. 하지만, 기획자는 특정 환경에 매몰되면 도태될 수 밖에 없다. 시간이 지나 이럴 수 있다. 예전 나때는 말이야로 시작 하는 말을 달고 사는 소위 꼰대와 같은 모습이 되어 있을 것이다.

기획자는 특정 분야의 지식만을 가지고 훌륭한 기획을 할 수 없다. 그런 기획은 편견, 어느 하나에 치중된 기획이 되어버릴 것이다. 질좋은 기획 사업성 있는 기획은 많은 정보가 모이고 이것을 잘 조합하는 과정에서 새로운 아이디어가 나오기 때문이다. 필자도 처음에 개발팀을 벗어나 새로운 조직에 합류하는 것 자체가 굉장한 스트레스를 받는 일이었다. 하지만 이러한 과정이 몇 번 반복되다 보니, 이젠 특정 조직에 머물러 있는 것 자체가 이제 나에겐 더 어려운 일이 되었다. 우물안에 갇히지 말고 지속적인 변화를 통해 새롭게 도약하고 또 도약하라. 어느 순간 당신은 최고의 기획자가 되어 있을 것이다.

대기업 기획자의 고백

2021년 12월 10일 초판 1쇄 발행
지은이 김세호
책임편집 오혜교
디자인 이민규
펴낸곳 OHK / **출판신고** 2018년 11월 27일 제 2021-000130호
주소 경기도 파주시 회동길 219 2층
전화 1877-5574 / **이메일** soaprecord@gmail.com
ISBN 979-11-973480-8-2